PROFESSOR INICIANTE
REPRESENTAÇÕES SOCIAIS, DESAFIOS
E PERSPECTIVAS PROFISSIONAIS

Editora Appris Ltda.
1.ª Edição - Copyright© 2024 da autora
Direitos de Edição Reservados à Editora Appris Ltda.

Nenhuma parte desta obra poderá ser utilizada indevidamente, sem estar de acordo com a Lei nº 9.610/98. Se incorreções forem encontradas, serão de exclusiva responsabilidade de seus organizadores. Foi realizado o Depósito Legal na Fundação Biblioteca Nacional, de acordo com as Leis nos 10.994, de 14/12/2004, e 12.192, de 14/01/2010.

Catalogação na Fonte
Elaborado por: Dayanne Leal Souza
Bibliotecária CRB 9/2162

M149p
2024
	Machado, Laêda Bezerra
	    Professor iniciante: representações sociais, desafios e perspectivas profissionais / Laêda Bezerra Machado. – 1. ed. – Curitiba: Appris, 2024.
	    116 p. : il. ; 23 cm.
	    (Coleção Educação, Tecnologias e Transdisciplinaridades).
	
	    Inclui referências.
	    ISBN 978-65-250-6373-7
	
	    1. Representações sociais. 2. Professores. 3. Educação básica. I. Machado, Laêda Bezerra. II. Título. III. Série.
	
	                                                                                              CDD – 305.553

Livro de acordo com a normalização técnica da ABNT

Appris
editora

Editora e Livraria Appris Ltda.
Av. Manoel Ribas, 2265 – Mercês
Curitiba/PR – CEP: 80810-002
Tel. (41) 3156 - 4731
www.editoraappris.com.br

Printed in Brazil
Impresso no Brasil

Laêda Bezerra Machado

PROFESSOR INICIANTE
REPRESENTAÇÕES SOCIAIS, DESAFIOS E PERSPECTIVAS PROFISSIONAIS

Appris editora

Curitiba, PR
2024

FICHA TÉCNICA

EDITORIAL
Augusto Coelho
Sara C. de Andrade Coelho

COMITÊ EDITORIAL
Ana El Achkar (Universo/RJ)
Andréa Barbosa Gouveia (UFPR)
Antonio Evangelista de Souza Netto (PUC-SP)
Belinda Cunha (UFPB)
Délton Winter de Carvalho (FMP)
Edson da Silva (UFVJM)
Eliete Correia dos Santos (UEPB)
Erineu Foerste (UFES)
Erineu Foerste (Ufes)
Fabiano Santos (UERJ-IESP)
Francinete Fernandes de Sousa (UEPB)
Francisco Carlos Duarte (PUCPR)
Francisco de Assis (Fiam-Faam-SP-Brasil)
Gláucia Figueiredo (UNIPAMPA/ UDELAR)
Jacques de Lima Ferreira (UNOESC)
Jean Carlos Gonçalves (UFPR)
José Wálter Nunes (UnB)
Junia de Vilhena (PUC-RIO)
Lucas Mesquita (UNILA)
Márcia Gonçalves (Unitau)
Maria Aparecida Barbosa (USP)
Maria Margarida de Andrade (Umack)
Marilda A. Behrens (PUCPR)
Marília Andrade Torales Campos (UFPR)
Marli Caetano
Patrícia L. Torres (PUCPR)
Paula Costa Mosca Macedo (UNIFESP)
Ramon Blanco (UNILA)
Roberta Ecleide Kelly (NEPE)
Roque Ismael da Costa Güllich (UFFS)
Sergio Gomes (UFRJ)
Tiago Gagliano Pinto Alberto (PUCPR)
Toni Reis (UP)
Valdomiro de Oliveira (UFPR)

SUPERVISOR DA PRODUÇÃO Renata Cristina Lopes Miccelli
PRODUÇÃO EDITORIAL Daniela Nazario
REVISÃO Pâmela Isabel Oliveira
DIAGRAMAÇÃO Andrezza Libel
CAPA Kananda Ferreira
REVISÃO DE PROVA Bruna Santos

COMITÊ CIENTÍFICO DA COLEÇÃO EDUCAÇÃO, TECNOLOGIAS E TRANSDISCIPLINARIDADE

DIREÇÃO CIENTÍFICA
Dr.ª Marilda A. Behrens (PUCPR)
Dr.ª Patrícia L. Torres (PUCPR)

CONSULTORES
Dr.ª Ademilde Silveira Sartori (Udesc)
Dr.ª Iara Cordeiro de Melo Franco (PUC Minas)
Dr. Ángel H. Facundo (Univ. Externado de Colômbia)
Dr. João Augusto Mattar Neto (PUC-SP)
Dr.ª Ariana Maria de Almeida Matos Cosme (Universidade do Porto/Portugal)
Dr. José Manuel Moran Costas (Universidade Anhembi Morumbi)
Dr. Artieres Estevão Romeiro (Universidade Técnica Particular de Loja-Equador)
Dr.ª Lúcia Amante (Univ. Aberta-Portugal)
Dr. Bento Duarte da Silva (Universidade do Minho/Portugal)
Dr.ª Lucia Maria Martins Giraffa (PUCRS)
Dr. Claudio Rama (Univ. de la Empresa-Uruguai)
Dr. Marco Antonio da Silva (Uerj)
Dr.ª Cristiane de Oliveira Busato Smith (Arizona State University /EUA)
Dr.ª Maria Altina da Silva Ramos (Universidade do Minho-Portugal)
Dr.ª Dulce Márcia Cruz (Ufsc)
Dr.ª Maria Joana Mader Joaquim (HC-UFPR)
Dr.ª Edméa Santos (Uerj)
Dr. Reginaldo Rodrigues da Costa (PUCPR)
Dr.ª Eliane Schlemmer (Unisinos)
Dr. Ricardo Antunes de Sá (UFPR)
Dr.ª Ercilia Maria Angeli Teixeira de Paula (UEM)
Dr.ª Romilda Teodora Ens (PUCPR)
Dr.ª Evelise Maria Labatut Portilho (PUCPR)
Dr. Rui Trindade (Univ. do Porto-Portugal)
Dr.ª Evelyn de Almeida Orlando (PUCPR)
Dr.ª Sonia Ana Charchut Leszczynski (UTFPR)
Dr. Francisco Antonio Pereira Fialho (Ufsc)
Dr.ª Vani Moreira Kenski (USP)
Dr.ª Fabiane Oliveira (PUCPR)

AGRADECIMENTOS

Meus sinceros agradecimentos:

Ao Conselho Nacional de Pesquisa Científica (CNPq) pelo financiamento;

Às estudantes de graduação em Pedagogia da Universidade Federal de Pernambuco (UFPE), bolsistas de Iniciação Científica: Alanna Tuylla Dantas Figueiredo; Camila Afonso Ferreira de Araújo; Lucivânia Barbosa Evangelista; Mayara Corrêa da Silva; Mirella Maria Pimentel Raposo e Thaiz Reis Albuquerque de Castro, que colaboraram com o desenvolvimento da pesquisa;

Aos professores, das diferentes redes de ensino que, como iniciantes na profissão docente, compartilharam conosco as alegrias e desafios da profissão;

Aos meus familiares, as maiores fontes de apoio que me acompanham em todos os momentos do meu viver.

APRESENTAÇÃO

Nossa preocupação com as representações sociais dos professores e seus efeitos sobre a prática docente não é recente. Há mais de uma década coordenando e orientando pesquisas com professores do ensino fundamental, temos percebido que são comuns os desafios enfrentados por professores em início de carreira. Nas pesquisas que desenvolvemos sobre representações sociais e práticas na escola, organizada em ciclos de aprendizagem[1], constatamos que os professores iniciantes na profissão apresentam representações negativas desse regime e consideram os conteúdos dos cursos de formação excessivamente teóricos e distanciados da realidade das escolas. Muitos professores minimizam a contribuição dos cursos de graduação para o desempenho de suas atividades docentes e, em alguns casos, não se sentem estimulados para o exercício da docência.

Em estudo sobre as representações sociais e práticas de professores de sucesso nos ciclos de aprendizagem[2], não localizamos professores que fossem ao mesmo tempo considerados de sucesso e estivessem no início da carreira. Em geral, os professores considerados de sucesso, ou seja, aqueles mais comprometidos com a aprendizagem dos estudantes, são os que já superaram o choque de realidade do início da docência. Garcia (1999, p. 28) denomina choque de realidade "[...] o período de confrontação inicial do professor com as complexidades da situação profissional e as condições de permanência deste profissional na docência, apesar de todas as agruras que vivência".

Nossas inquietações tornaram-se mais aguçadas para estudar os iniciantes na carreira e suas representações sociais da docência, quando testemunhamos o aparente desencanto manifestado por estudantes que, finalizando os cursos de licenciatura, expressam o não interesse pela docência;

---

[1] Os resultados desses estudos estão disponibilizados nos seguintes artigos: MACHADO, L. B. Eles "passam de bolo" e ficam cada vez mais analfabetos: discutindo as representações sociais de ciclos de aprendizagem entre professores. *Psicologia da Educação*, São Paulo, 24, p. 111-128, 1º sem. de 2007.
MACHADO, L. B.; ANICETO, R. A. Núcleo central e periferia das representações de ciclos de aprendizagem entre professores. **Ensaio**: Aval. e Pol. Pub. em educação, RJ, v. 18, n. 67, 2010.
MACHADO, L. B e SILVA, W. F. Representações sociais e práticas sociais: um estudo sobre os conselhos de ciclos nas instituições escolares. **Revista de Administração Educacional**, v. 4, p. 53-73, 2013.
2013MACHADO, L. B; FREIRE, S. B. Representações sociais de ciclos de aprendizagem entre estudantes de pedagogia. **Linhas Críticas (Online)**, v. 19, p. 489-305, 2013.

[2] Ciclos de aprendizagem nas representações sociais de professores de sucesso. Pesquisa em andamento. CNPq processo N° 305876/2011-2.

o desânimo e até desespero para com a possibilidade de enfrentar a sala de aula, além de não demonstrarem estímulo para desenvolver as atividades relacionadas aos estágios curriculares. Em outras atividades investigativas nas escolas públicas, quase todas intermediadas pelos gestores, temos ouvido desses profissionais referências pessimistas aos novos professores. Na visão do grupo de gestores, grande parte dos professores novatos ingressa na profissão certa de que sua permanência na docência será provisória. Tais inquietações reforçam nosso interesse pelas representações sociais da docência de professores iniciantes na carreira.

Huberman (1995) analisa o ciclo de vida dos docentes e detalha as diferentes fases vivenciadas por tais profissionais no decurso da profissão. Reconhecendo o desenvolvimento profissional como um processo e não uma sequência de etapas lineares, o autor descreve o ciclo de desenvolvimento da carreira docente, demonstrando que as fases têm sido constantes na vida desse grupo profissional. Ao fazer tal descrição, adverte que seus parâmetros não são estáticos, pois não nega a existência de professores que não param de explorar, que jamais alcançam a estabilidade na profissão e, também, os que se desestabilizam facilmente, por razões as mais diversas. Refere-se às seguintes fases: entrada na carreira, fase de estabilização, fase de experimentação ou diversificação, fase de procura de uma situação profissional estável e de preparação para a jubilação. Nesta obra o interesse concentra-se no ingresso e na iniciação na docência.

A fase inicial da carreira diz respeito a um período de sobrevivência e descoberta. A sobrevivência tem a ver, de acordo com autor, com o "choque de realidade", decorrente dos primeiros embates com a complexidade e a imprevisibilidade, que caracterizam a sala de aula. O professor iniciante para "sobreviver" precisa superar os seguintes desafios: descompasso entre os ideais educacionais e a vida cotidiana nas salas de aula e nas escolas; fragmentação do trabalho; dificuldade em combinar ensino e gestão de sala de aula; falta de materiais didáticos; e dificuldades de relacionamento. O elemento de descoberta é inerente ao entusiasmo do iniciante, com o orgulho de ter sua própria classe e fazer parte de um corpo profissional. As características de sobrevivência e descoberta caminham lado a lado, no período de entrada na carreira, período marcado por crises e dificuldades para os docentes (Huberman, 1995).

Na visão de Tardif (2002, p. 84), a fase inicial da docência é "[...] um período muito importante da história profissional do professor, determinando inclusive seu futuro e sua relação com o trabalho".

Garcia (1999, p. 113) considera o estágio inicial da carreira como "[...] um período de tensões e aprendizagens intensivas em contextos geralmente desconhecidos, e durante o qual os professores principiantes devem adquirir conhecimento profissional além de conseguirem manter um certo equilíbrio pessoal". A inserção na carreira docente, como salienta Lima (2006), é um momento peculiar, marcado por inúmeras dificuldades.

No Brasil, a produção acadêmica sobre o professor iniciante ou principiante tem crescido e os estudos do tipo estado do conhecimento e da produção sobre o tema revelam que, embora o campo da formação de professores venha ganhando cada vez mais destaque, o início da docência configura-se como uma temática ainda explorada de modo incipiente, no interior desse campo. Dentre tais estudos, destacam-se os elaborados por Papi e Martins (2009), Corrêa e Portella (2012), Papi e Carvalho (2013) Cunha, Voltarelli e Costa (2013), Machado (2017). As autoras dos referidos trabalhos reconhecem que a quantidade de estudos sobre o professor em início de carreira aumentou, no entanto, ressaltam que há uma concentração de enfoques voltados para os anos iniciais do ensino fundamental e educação superior. Diante disso, reiteram que há necessidade premente de novos investimentos em pesquisas sobre o início da docência[3].

Em análise da produção sobre o tema, Papi e Carvalho (2013) abordam os enfoques das produções brasileiras sobre o professor iniciante publicadas em um evento internacional[4]. As autoras mostram que tais enfoques estão mais direcionados para explicitar as dificuldades e dilemas enfrentados pelos ingressantes do que apresentar algumas intervenções que busquem amenizá-los. Nesse material, não localizei pesquisas subsidiadas pela Teoria das Representações Sociais.

Nos estudos que já realizamos com professores em escolas públicas municipais do Recife (Machado, 2010, 2012), chamaram nossa atenção os seguintes aspectos: inúmeros depoimentos de docentes iniciantes sobre seus desafios cotidianos; referências negativas; a não viabilização da proposta de ciclos de aprendizagem; e manifestações de desejo de assumir outra função que não fosse a docência em sala aula. No entanto, a não localização

---

[3] Esta obra insere-se nesses novos investimentos, pois aborda um grupo ampliado de professores de toda a educação básica, envolvendo docentes da educação infantil, anos iniciais e finais do ensino fundamental e ensino médio.

[4] *Congreso Internacional sobre Profesorado Principiante e Inserción Profesional a la Docencia.* Santiago do Chile, fevereiro de 2012.

de professores bem-sucedidos[5] e iniciantes na carreira interferiu na nossa decisão de realizar um estudo com profissionais professores em tal condição. Reconhecemos que as representações são modos de compreender e explicar a realidade, que orientam as práticas, e nesta obra buscamos identificar as representações sociais da profissão docente construídas/elaboradas por professores da educação básica em início de carreira.

Ao desvelar as representações sociais da profissão docente construídas/ elaboradas por professores da educação básica em início de carreira, também trago à tona os desafios e as dificuldades, que são enfrentadas no interior da escola; a importância da formação e suas influências no exercício da profissão no estágio inicial da carreira; as relações entre professores iniciantes e docentes mais experientes; as principais fontes de apoio ou subsídios utilizados pelos professores iniciantes e suas perspectivas e expectativas profissionais.

Os propósitos investigativos que deram origem a este livro baseiam-se na abordagem societal das representações sociais, protagonizada por Willem Doise, na Universidade de Genebra. Segundo o autor, nessa abordagem, o estudo de representações sociais exige que sejam identificados seu campo comum, variações individuais/grupais e ancoragens das tomadas de posição.

A presente obra está dividida em seis capítulos. No primeiro apresentamos e discutimos a Teoria das Representações Sociais, particularmente a abordagem societal em articulação com a profissão docente. As escolhas metodológicas que orientaram esta publicação são apresentadas no segundo capítulo.

Nos demais capítulos disponibilizamos para o leitor os resultados da investigação realizada. Expomos, no terceiro capítulo, a produção científica sobre o professor iniciante e no quarto focalizamos quem são e o que pensam os professores iniciantes sobre a profissão. No quinto capítulo, tratamos dos consensos e das variações das representações sociais no intra e intergrupos de professores; e, no sexto capítulo desta obra, abordamos os elementos socioprofissionais, nos quais estão ancoradas as variações das representações do ser professor e suas implicações para as práticas de docentes iniciantes que atuam na educação básica.

Encerramos este livro com algumas palavras finais. Com elas sumarizamos as representações sociais, os desafios e as perspectivas de docentes em início de carreira acerca do ser professor.

---

[5] A pesquisa a qual estamos nos referindo está em andamento e se denomina "Ciclos de aprendizagem nas representações sociais de professores de sucesso". Nesta investigação, consideramos como professor de sucesso ou bem-sucedido aquele que demonstrava preocupação com a aprendizagem de seus alunos, compromisso com a formação humana e cidadã dos estudantes e desenvolvia práticas que garantiam suas aprendizagens.

SUMÁRIO

CAPÍTULO 1
FUNDAMENTOS TEÓRICOS: REPRESENTAÇÕES SOCIAIS, ABORDAGEM SOCIETAL E PROFISSÃO DOCENTE 13
   1.1 O sujeito e seus grupos de pertença na abordagem societal..................18
   1.2 Sobre a profissão docente 23

CAPÍTULO 2
TRILHAS PERCORRIDAS PARA DESVELAR AS REPRESENTAÇÕES SOCIAIS DO SER PROFESSOR PARA DOCENTES INICIANTES 35

CAPÍTULO 3
PROFESSOR INICIANTE: ESTADO DA PRODUÇÃO ACADÊMICA BRASILEIRA 41
   3.1 Aspectos conceituais, objetivos e enfoques teóricos dos trabalhos...............43
   3.2 Aspectos metodológicos das produções 45

CAPÍTULO 4
OS ELEMENTOS CONSENSUAIS DA REPRESENTAÇÃO SOCIAL DO SER PROFESSOR 49
   4.1 Categorias emergentes das respostas dos participantes ao questionário.........50

CAPÍTULO 5
REPRESENTAÇÕES SOCIAIS DO SER PROFESSOR: CONSENSOS E VARIAÇÕES ENTRE PROFESSORES INICIANTES NA EDUCAÇÃO BÁSICA 57
   5.1 Consensos e variações das Representações Sociais do ser professor entre professores iniciantes na educação infantil......................................57
      5.1.1 Processamento do material (entrevistas com os docentes iniciantes de educação infantil) no software Alceste.....................................58
      5.1.2 Elementos de variação nas representações sociais do ser professor de educação infantil..67
   5.2 Consensos e variações das representações sociais do ser professor entre professores iniciantes do ensino fundamental...................................69
   5.3 Consensos e variações das representações sociais do ser professor entre professores iniciantes do ensino médio...78

CAPÍTULO 6
ANCORAGENS DAS REPRESENTAÇÕES SOCIAIS DA PROFISSÃO ENTRE DOCENTES DE EDUCAÇÃO BÁSICA EM INÍCIO DE CARREIRA 89
6.1 O conceito de ancoragem na Teoria das Representações Sociais. 89
6.2 Ser professor: elementos ancorados nas representações sociais de docentes de educação básica em início de carreira 92

PALAVRAS FINAIS 103

REFERÊNCIAS. 107

Capítulo 1

FUNDAMENTOS TEÓRICOS: REPRESENTAÇÕES SOCIAIS, ABORDAGEM SOCIETAL E PROFISSÃO DOCENTE

O conceito de representação social foi cunhado por Serge Moscovici (1928-2014), na tentativa de redefinir a Psicologia Social. Para construí-lo, Moscovici (1978) buscou amparo no conceito representações coletivas de Durkheim (1858-1917), que, ao estudar a cultura de sociedades primitivas, as definiu como um conjunto de saberes, que são produzidos e partilhados por um grupo. Tais saberes se impõem, coercitivamente, sobre os membros do grupo, que são induzidos a agir de forma homogênea. Mas, como afirma Moscovici (1978), as representações sociais não se opõem às coletivas, pois são apenas mais apropriadas ao mundo moderno, em decorrência da rapidez das suas mudanças econômicas, políticas e sociais, e, também, devido ao seu caráter de mobilidade e plasticidade. O autor refere-se à Sociologia durkheimiana como preocupada com a integração e a estabilidade. Portanto, a noção de representação social tem como foco o mundo moderno, mais relacionado às práticas e à linguagem cotidiana e com o senso comum.

As representações sociais não são criação de um indivíduo isolado, pois, em geral, são elaboradas por grupos ou movimentos de opinião, que se irradiam para a cultura mais ampla. Moscovici (2003) afirma que as representações sociais são sempre articuladas à comunicação. No entanto a comunicação, por si só, não produz as representações sociais. A necessidade do ser humano de se manter informado e de estar "conectado" com seu grupo leva-o a captar/perceber acontecimentos e elaborar conceitos que contribuem para a construção das representações sociais. Jovchelovitch (2004) considera as representações como estruturas de mediação entre sujeitos e realidade, portanto é uma ação comunicativa que liga um sujeito a outros sujeitos e ao mundo.

Um processo de construção das representações sociais é desencadeado quando um objeto estranho chama a atenção e provoca certo desequilíbrio no sujeito, que deseja compreendê-lo, nomeá-lo e explicá-lo. O conteúdo estranho desloca-se para o interior de um conteúdo corrente, arraigado, e aquilo que era novo e estava fora do alcance do sujeito penetra no seu interior, o que efetiva a criação de representações sociais.

Segundo Moscovici (1978, 2012) e Jodelet (2001), dois processos amplos e complexos explicam como um conhecimento se transforma em representação social. São eles: objetivação e ancoragem. A objetivação é um processo figurativo das representações, por meio do qual tornamos concreto, materializado aquilo que é abstrato, ou seja, as imagens e as ideias são materializadas, e, assim, o objeto adquire uma textura correspondente aos conceitos construídos acerca deles. A ancoragem refere-se ao enraizamento da representação social, estabelece uma comparação generalizadora ou "particularizadora", que vai dando significado e utilidade ao objeto, portanto diz respeito à parte simbólica das representações. Neste livro, o conceito de ancoragem é exposto a fim de melhor compreendê-lo, a partir da profissão docente.

Em consonância com Jodelet (2001, p. 22), podemos afirmar que as representações sociais são "[...] uma forma de conhecimento, socialmente elaborada e partilhada, com um objetivo prático, e que contribui para a construção de uma realidade comum a um conjunto social". Admitimos, ainda, que são fenômenos sempre ativados e em (re)construção na vida social. São construções dinâmicas, fluídas a partir de condicionantes históricos e sociais, que modificam os próprios sujeitos e o mundo que os circunda. Moscovici (2003, p. 209), ao referir-se ao fenômeno, afirma:

> As representações se mostram semelhantes a teorias que ordenam ao redor de um tema (as doenças mentais são contagiosas, as pessoas são o que elas comem, etc) uma série de proposições que possibilita que coisas ou pessoas sejam classificadas, que seus caracteres sejam descritos, seus sentimentos e ações sejam explicados e assim por diante.

Na atualidade, a Teoria das Representações Sociais pode ser compreendida como um quadro conceitual, que possibilita grande diversidade metodológica capaz de auxiliar pesquisadores a explorar inúmeros objetos em diferentes contextos. No campo educacional, sua utilização tem sido comum e relevante, o que nos remete ao posicionamento de Gilly (2001, p. 321), que afirma:

> [...] o interesse essencial da noção de representação social para a compreensão dos fatos de educação consiste no fato de que orienta a atenção para o papel de conjuntos organizados de significações sociais no processo educativo.

Wagner (1998) considera que as representações sociais, além de serem compartilhadas, de possuírem estrutura interna, de conterem dois processos, que se configuram nos sistemas de objetivação e ancoragem, se diferenciam, também, em outros aspectos. O autor sumariza cinco critérios que as diferenciam de outro fenômeno: consenso funcional, relevância, prática, holomorfose e afiliação. Destaca que consenso não se reduz ao aspecto numérico, uma vez que uma representação nunca ou raramente será compartilhada por todos os participantes de um grupo. Na visão do autor, o consenso é funcional, pois há sempre uma unidade social que mantém o grupo organizado e assegura as possibilidades de interações e de identificações do grupo. Ao estabelecer a relevância como segundo critério, o autor alerta que nem tudo pode ser objeto de representação. Para ser representado por um grupo, é preciso que o objeto afete, incomode e provoque, de alguma forma, os sujeitos nos grupos. Em relação à prática, o autor enfatiza que esse é o caráter genuíno das representações, pois afeta os comportamentos das pessoas e consegue condicioná-las. Refere-se ao critério holomorfose para destacar o sentimento comum de pertença dos sujeitos a um grupo, que está aliado à preservação de suas individualidades. Para Wagner (2008), o consenso não apaga as diferenças. Por fim, fala de afiliação e reforça que os grupos não são definidos por razões sociológicas, mas por partilharem suas representações. Os critérios propostos por Wagner (1998) são elementos fundamentais, que fortalecem as decisões para se definir o que constitui e o que não se considera objeto de representação social.

Como ressaltam Wachelke e Camargo (2007), as definições do fenômeno das representações sociais são inúmeras e dependem do foco, que pode ser no processo ou produto e, também, da pluralidade de perspectivas de estudo. Jodelet (2001), como indicamos acima, enfatiza o caráter partilhado e funcional das representações. Wagner (1998, p. 3) afirma que representação social é simultaneamente um

> [...] conteúdo mental estruturado — isto é, cognitivo, avaliativo, afetivo e simbólico — sobre um fenômeno social relevante, que toma a forma de imagens ou metáforas e, que é conscientemente compartilhado com outros membros do grupo social e [...] um processo público de criação, elaboração, difusão e mudança do conhecimento compartilhado.

Na abordagem societal de Doise (2002, p. 246), as representações sociais são "[...] princípios geradores de tomadas de posição ligadas a inserções específicas dentro de um conjunto de relações sociais, e que organizam os processos simbólicos que intervêm nessas relações".

A Teoria das Representações Sociais vem se disseminando em várias partes do mundo, tem sido tomada como referência para estudo dos mais diferentes fenômenos e estabelece diálogos com diversas teorias. Assim como tem dialogado com outros referenciais, surgem outras vertentes, que aprofundam as ideias, os conceitos e os pressupostos originais de Moscovici, ou seja, florescem novos desdobramentos da grande teoria. Sá (1998)[6] destaca três correntes, a saber: a original ou cultural, a abordagem estrutural e a societal. Provenientes de uma mesma matriz, tais correntes convivem pacificamente, sem que uma desautorize a outra, pois possuem pontos de articulação, convergência e alguns desacordos. Como já sinalizamos na introdução deste livro, adotamos a vertente societal. Trata-se de uma abordagem pouco utilizada no campo educacional, porém adequada ao objeto que pretendemos estudar, qual seja, a profissão de professor para diferentes grupos de docentes. Partimos do seguinte pressuposto: professores iniciantes na profissão, que estão atuando em diferentes etapas da educação básica, construíram modos diversificados de explicar, encarar e viver a docência.

Doise (2002), inspirado em Serge Moscovici, apresenta um quadro teórico complexo e estimulante, que articula o estudo de sistemas cognitivos no nível do indivíduo ao estudo dos sistemas relacionais e societais. Apoia-se, ainda, em Henri Tajfel (1919-1982), que realizou diversas pesquisas fazendo intervir a comparação intergrupo como o motor da construção de uma identidade social positiva, e, também, em Jean Piaget (1896-1980), que, por meio de uma análise sociocognitivista, considera a intervenção do social como primordial para o desenvolvimento moral dos indivíduos. Esses dois teóricos foram os principais mestres de Willem Doise, com os quais estabeleceu diálogos epistemológicos para a construção da abordagem societal no estudo das representações sociais.

A abordagem societal procura articular o individual ao coletivo, busca interligar explicações de *ordem individual* com explicações de *ordem societal* e, sobretudo, explicita que os processos usados pelos indivíduos para viver em sociedade são orientados por dinâmicas interacionais, valores e crenças. Nessa abordagem, as representações sociais são princípios geradores de tomadas de posição, e tais princípios estão direta e simbolicamente vinculados à posição ocupada pelo sujeito no grupo (Doise, 2002).

---

[6] Na atualidade, podemos nos referir à quarta vertente, a epistemologia dialógica das representações sociais, que valoriza os processos linguísticos e tem como principal protagonista Yvana Marková.

De acordo com Doise (2001, p. 193), "[...] a Psicologia Social quase não construiu conceitos que permitam articular os funcionamentos cognitivos individuais com as dinâmicas sociais mais amplas, das quais participam os indivíduos". E essa parece ser a questão que motivou particularmente suas investigações, na tentativa de superação dos limites da Psicologia Social, relativas à dicotomia indivíduo e sociedade e, também, às análises sobre dissensos e consensos, que estão presentes no indivíduo e nos grupos de pertença.

Quando adotamos a vertente societal, os objetos de representação devem ser investigados com base em quatro níveis de análise. O primeiro diz respeito aos processos *intraindividuais*; por conseguinte, cabe ao pesquisador analisar o modo como os indivíduos organizam suas experiências com o meio ambiente. O segundo centra-se nos processos *interindividuais e situacionais*, ou seja, é necessário explicitar os sistemas de interação e os princípios explicativos típicos das dinâmicas sociais vividas pelos sujeitos em seus grupos. O terceiro refere-se aos processos *intergrupais*, segundo os quais devem ser consideradas as diferentes posições que os indivíduos ocupam nas relações sociais, e, também, é indispensável analisar a forma como tais posições modulam os processos dos dois primeiros níveis. O quarto nível, o *societal*, privilegia os sistemas de crenças, representações, avaliações e normas sociais. Parte do pressuposto de que as produções culturais e ideológicas, características de uma sociedade ou de certos grupos, dão significação aos comportamentos dos indivíduos e criam, a partir de princípios gerais, as diferenciações sociais (Doise; Moscovici, 1991).

A articulação entre os quatro níveis de análise (individual, interpessoal, grupal e societal) foi particularmente investigada por Willem Doise e colaboradores, nos anos 1970, nos estudos das relações intergrupais. O estudo das representações no Grupo de Genebra contempla as origens e desenvolvimento das relações entre grupos. Para Doise (2002), o conteúdo das representações vincula-se diretamente às relações entre os grupos, ao mesmo tempo que justifica os modos de encadeamento das relações, suas influências, especificidades e identidades grupais. Concordamos com Almeida (2009) ao reconhecer que Willem Doise oferece uma relevante contribuição para a compreensão do funcionamento das identidades coletivas e individuais, no processo de categorização social.

Doise e seus colaboradores (Alain Clèmence da Universidade de Lausanne e Fabio Lorenzi-Cioldi da Universidade de Genebra), de modo coerente com o que prevê a abordagem societal, propõem um modelo tridimensional para estudo das representações sociais. O primeiro corresponde à busca de um campo simbólico comum (compartilhado) das representações entre os diferentes membros de uma população. O segundo procura averiguar as variabilidades das representações sociais decorrentes dos diferentes papéis que os sujeitos exercem e suas influências para as tomadas de posição. O terceiro identifica as ancoragens das tomadas de posição. Na visão de Doise, a ancoragem diz respeito às classificações feitas pelos sujeitos, que não são aleatórias, pois estão baseadas nos jogos hierárquicos de valores e nas experiências sociais partilhadas com os outros em função de sua pertença e posição. Moscovici (2003) afirma que, quando ancoramos, estamos diminuindo a sensação de estranheza em relação a algo ou alguém, e, assim, o que era desconhecido e esquisito foi definitivamente assentado em categorias familiares.

1.1 O sujeito e seus grupos de pertença na abordagem societal

Doise (2002, 2011) defende a importância do estudo das relações entre as normas sociais e os funcionamentos cognitivos, procurando responder à seguinte pergunta: quais sistemas de comunicação característicos de uma sociedade atualizam os funcionamentos cognitivos em contextos específicos? Tal questionamento foi inspirado pelas proposições de Moscovici, quando preconiza que o estudo das representações sociais exige que os sistemas cognitivos complexos do indivíduo sejam relacionados aos metassistemas das relações simbólicas, que caracterizam uma sociedade. Ou seja, os sistemas cognitivos do indivíduo precisam ser avaliados/examinados, tendo em vista os metassistemas das relações simbólicas de cada sociedade.

Dois são os sistemas cognitivos: o sistema operacional que faz associações, inclusões, discriminações e deduções, portanto se refere às relações operacionais inscritas no nível individual; e o metassistema que controla, verifica e seleciona por meio de regras lógicas ou não e, desse modo, estabelece as relações normativas que se inscrevem no nível social. Nesse contexto, as representações funcionam como sistemas de comunicação.

Sobre os sistemas de comunicação, Doise (2011, p. 126) defende que "[...] o melhor lugar para estudar a dupla dinâmica do sistema e metassistema, que opera nas representações sociais, se encontra precisamente em suas imbricações nas relações de comunicação". Salienta que a comunicação desempenha papel fundamental na construção das representações sociais e são três as modalidades de comunicação praticadas: difusão, propagação e propaganda. A difusão é caracterizada por uma indiferenciação entre a fonte e o receptor da comunicação. A propagação é uma relação de comunicação estabelecida por membros de um grupo dotado de uma visão de mundo bem organizada, que dispõe de uma crença a propagar, enquanto se esforça para acomodar outros saberes ao seu quadro de pensamento. E, por último, a propaganda, que é uma forma de comunicação que se insere nas relações sociais e na qual prevalecem estratégias de persuasão. Tais modalidades de comunicação foram estudadas e apresentadas por Moscovici (2012) em sua pesquisa sobre as representações sociais da Psicanálise.

Na visão de Doise (2011), a atualização das regulações sociais que é feita pelo metassistema social no sistema cognitivo constitui o estudo propriamente dito das representações sociais. Tais conceitos foram fundamentais nas investigações de Moscovici e o conduziram a uma ampliação da discussão conceitual, que procurou estabelecer as diferenças entre opiniões, atitudes e estereótipos, que mantêm vínculos específicos com diversos sistemas de relações sociais.

Mendonça e Lima (2014) destacam que as análises da cognição social, especificamente dos conceitos de crenças e atitudes, podem ser muito úteis para ampliar a teoria das representações sociais, pois a teoria complementa vários aspectos das cognições sociais. Dessa forma, as análises da cognição social identificam a relevância das ancoragens sociais. Os autores destacam a contribuição de Doise quando evidencia que as representações e cognições se formam *nos e para* os julgamentos sociais, pois uma representação é formada por meio dos julgamentos de um grupo sobre os outros. Assim, o posicionamento do sujeito em relação ao meio social interfere na forma como o indivíduo compreende a realidade.

A representação funciona como um sistema de classificação e de denotação, ou seja, a lógica desse sistema não permite neutralidade; por conseguinte, cada objeto possui um valor positivo ou negativo e assume um determinado lugar na hierarquia de valores. Desse modo, fica claro que, na construção de representações, lançamos mão de julgamentos que são feitos com base em nossas referências pessoais e grupais. Tais julgamentos são necessários aos processos de ancoragem, pois, por meio deles, tornamos familiar o que era inicialmente desconhecido.

Como preconiza Moscovici (2009), o objetivo de uma representação social é descobrir como os indivíduos e grupos podem construir um mundo estável, previsível, a partir da diversidade de indivíduos, atitudes e fenômenos. No que se refere aos grupos, Doise e Moscovici (1991) afirmam que as opiniões e as previsões estão sujeitas a sistemáticas tomadas de partido, em consequências da pertença das pessoas ao grupo. O que equivale a afirmar que o grupo possui sua própria estrutura, seus próprios objetivos, suas próprias relações sociais, que influenciam o modo como os indivíduos pensam e agem.

Torres e Camino (2013, p. 522), a partir dos seus estudos sobre grupos sociais, relações intergrupais e identidade social, defendem que os grupos são parte do esforço vital do ser humano, que é um ser de relações. Vejamos:

> [...] os grupos fazem parte dos objetivos vitais do indivíduo: ingressar em grupos, reforçar sua posição ou status neles, ser aceito por eles, etc., seriam, portanto, elementos constitutivos da vida psicológica do indivíduo. Sua posição no grupo, a quantidade de espaço, de movimento livre dentro dele, e as características grupais semelhantes são importantes na determinação do espaço de vida do indivíduo e, por consequência, no seu comportamento.

Segundo os referidos autores, os grupos desempenham um papel fundamental na vida dos indivíduos. A dimensão social e, principalmente, a dimensão psicológica desencadeiam o desejo do sujeito de pertencer a um grupo, participar dele, compartilhar de seus ideais, inclusive, para autoafirmação pessoal, ou seja, a necessidade de reconhecimento social do esforço feito por cada um para realizar, de modo significativo, as diversas tarefas perseguidas em comum.

Doise e Moscovici (1991, p. 68) destacam a necessidade de pertença aos grupos e afirmam que

> [...] um homem colocado à margem seria tão inexistente como a sua ação ou a sua obra: um cidadão que ninguém consulta, um livro que ninguém lê, uma teoria sem eco, um trabalho que passa despercebido, um quadro sobre o qual não se detém o olhar, indiferente.

Os grupos assumem papel conservador tendo muitas vezes como indivíduos mais apreciados aqueles que jogam o jogo do grupo, e, consequentemente, são excluídos aqueles que se recusam e preferem jogar seu próprio jogo (Doise; Moscovici, 1991). Os atos de decisão e de consentimento são atos de participação, que são necessários à vida psíquica dos indivíduos, conforme já discutimos. Por isso, os grupos podem desempenhar diferentes papéis, ora para conservar, ora para inovar, mas vão sempre exercer influência na tomada de posição dos indivíduos e na construção de sua identidade e de seu sentimento de pertencimento e de sujeito partícipe.

Sobre os grupos de referência, Doise (2001, p. 194) afirma, com base nas pesquisas de Huyman (1942), que

> [...] nem sempre existe uma relação de causalidade simples entre a pertença do indivíduo a um grupo e o grau em que ele partilha as opiniões de seus outros membros. Cada indivíduo tem vários grupos de pertença: alguns deles servirão mais de pontos de ancoragem de suas opiniões e crenças do que outros. Grupos aos quais um indivíduo não pertence, mas a que aspira pertencer, podem também desempenhar um papel de ancoragem.

Huyman (1942) admite, dessa forma, que quanto maior for o sentimento de pertença e um grupo e a identificação com seus ideais, maior será a tendência a diferenciar seu próprio grupo de outros grupos. As diferenças entre grupos e a ancoragem das representações sociais na tomada de decisões e pertencimento dos indivíduos foram os mobilizadores das investigações de Doise. O autor enfatiza a necessidade de superação da dicotômica relação entre indivíduo e sociedade, objetivo e subjetivo, portanto foca seu olhar sobre crenças, valores, atitudes e representações sociais. Por sua vez, destaca a importância dos grupos de referência nos posicionamentos dos indivíduos e na tomada de decisão.

Sobre o consenso nas decisões do grupo, Doise e Moscovici (1991, p. 6) discutem que "[...] o consenso explora diversos pontos de vista e as diversas possibilidades que estão em discussão, congrega-os e dirige-os para um entendimento reconhecido por todos". O consenso se faz necessário quando as pessoas querem associar-se, agir em comum acordo e decidir coletivamente. Desse modo, toda tomada de posição em termos de justo ou injusto é o resultado de um conjunto complexo de comparações sociais. Para Alaya (2011, p. 266),

> A Teoria das RS integra a ideia da homologia estrutural, do fato de que conhecemos uma correspondência entre a ação do sujeito conhecedor (que neste contexto é coletivo) e suas raízes na realidade social. Isto significa que existe uma homologia entre os processos cognitivos implementados nas RS e na estrutura social. O que melhor representa essa visão é a teoria dos princípios de organização (Doise, 1990). Os princípios geradores que constituem as RS estão relacionados a inserções específicas no conjunto das relações

sociais. As relações simbólicas que intervém nessas relações sociais são elas mesmas, determinadas por esses princípios de organização. Estes últimos são, portanto, assimiláveis a uma estrutura social internalizada.

A homologia estrutural permite a reinterpretação dos elementos reais conformando-os à representação, mas também modifica e atualiza o sistema de representações de acordo com os elementos da realidade. Conforme afirma Alaya (2011), a abordagem societal reconhece, na representação social, as propriedades cognitivas e societais, que estão em jogo nas relações simbólicas e, também, atuam como princípios geradores e organizadores da estrutura social assimilada.

Segundo Torres e Camino (2013, p. 535), "[...] as diversas explicações em Psicologia Social podem ser explicadas de intraindividuais, interpessoais, intergrupais e ideológicas". Assim, a Psicologia Social não pode atribuir ao grupo um papel secundário nas investigações, pois corre o risco de desconsiderar a existência dos diversos níveis de explicação que se encontram ligados à complexidade e ao dinamismo dos fenômenos sociais. Além disso, a desvalorização do papel do grupo poderá possibilitar o desenvolvimento de explicações extremamente reducionistas.

Sobre o estudo de representações sociais, Moscovici (2009, p. 43) afirma que

> [...] quando estudamos representações sociais nós estudamos o ser humano, enquanto ele faz perguntas e procura respostas ou pensa e não enquanto ele processa informação, ou se comporta. Mais precisamente, enquanto seu objetivo não é comportar-se, mas compreender.

Comungamos de tal pensamento e defendemos que o ser professor merece ser investigado e compreendido como processo dinâmico, comunicacional e por sua natureza interacional, cuja prática social é realizada com seres humanos e para seres humanos. Por isso, o estudo do ser professor à luz da abordagem da teoria das representações sociais como um campo transdisciplinar nos possibilita compreender a profissão docente como processo humano.

Em síntese, a abordagem societal elaborada por Willem Doise propõe que: há uma partilha de crenças comuns, entre os diferentes membros de um grupo, acerca de um dado objeto social; é preciso entender e explicar por que os indivíduos se diferenciam entre si nas relações que mantêm com os objetos de representação; é preciso identificar as ancoragens sociais que explicam as tomadas de posição que caracterizam as representações. Ou seja, o foco das pesquisas desenvolvidas por Doise contemplam as análises sobre o entendimento comum, a organização das tomadas de posição individuais e a ancoragens das diferenças individuais.

A abordagem societal oferece um quadro teórico e conceitual complexo que articula os níveis individual e social para o estudo de representações sociais, no entanto as investigações e análises que recorrem às explicações do tipo societal ainda permanecem minoritárias em Psicologia Social. No Brasil, são recentes e pouco expressivas, mas merecem destaque os estudos de Almeida (1999) sobre o fracasso escolar e o trabalho de Camino (1996), que discute as crenças em oposição à militância política. Reconhecemos a importância de estudos que adotam a abordagem societal no campo da educação e nos possibilitam nesta obra analisar a profissão docente a partir da compreensão dos sentidos partilhados, das variações e das ancoragens das representações de professores iniciantes da educação básica.

1.2 Sobre a profissão docente

Em termos etimológicos na Europa e, em particular na França, a palavra "profissão" está associada a *"professio"*, do latim *"profiteri"*, que significa co*nfessar, testemunhar, declarar abertamente.* Dessa palavra provém, por exemplo, a expressão "profissões de fé". Em sua gênese, o reconhecimento de uma "profissão" se dá a partir do saber professado e reconhecido em público, um saber que possui conotação diferenciada quando comparado à noção de *métier*, originada do termo *ministérium,* que quer dizer "estar ao serviço de".

Dubar (2005) afirma que a diferenciação entre *métier* (ofício)[7] e profissão está relacionada ao desenvolvimento e consolidação das universidades na Idade Média e a dissociação entre as profissões oriundas das artes liberais e artes mecânicas. Freidson (1998 apud Weber, 2003) concorda que as "ocupações" ou profissões têm uma história associada à expansão das universidades e ao desenvolvimento da estrutura ocupacional do industrialismo na Inglaterra do século 19 e, posteriormente, nos Estados Unidos.

---

[7] Utilizamos a tradução do termo francês *métier* concernente em português à palavra "ofício", conforme sugerido por Dubar (2005). **A socialização**: construção das identidades sociais e profissionais. São Paulo: Martins Fontes, 2005.

Nos dicionários brasileiros[8], as palavras "profissão" e "oficio" são indicadas como sinônimas. Particularmente, a aplicação do termo "ocupação" parece, à primeira vista, aproximar-se do significado do "[...] conjunto de pessoas exercendo um mesmo *métier* [...]", como indica Dubar (2005, p. 167), referindo-se ao contexto francês, significação semelhante à verificada na Classificação Brasileira de Ocupações (CBO)[9].

Conforme situa Weber (2003), as profissões podem ser abordadas por diferentes enfoques, e cita Freidson (1998) como um autor que considera "conhecimento e competências especializadas" como elementos caracterizadores de uma profissão. A autora refere-se à profissionalização:

> [...] como processo que transforma uma ocupação no mundo do trabalho mediante a circunscrição de um domínio de conhecimentos e competências específicos, como processo que, calcado nas características de profissões estabelecidas (as profissões liberais), nomeia, classifica uma ocupação como profissão, associando-lhe imagens, representações, expectativas historicamente definidas, ou como processo de reconhecimento social de uma atividade ou ocupação, tem sido objeto de debate frequente no âmbito da produção sociológica que pretende esclarecer os elementos centrais das sociedades contemporâneas (Weber, 2003, p. 1127).

Ludke e Boing (2004) citam Bourdoncle (1991 e 1993)[10], para quem uma profissão não é algo fácil de se definir, contudo destacam um atributo comum a todas elas, isto é, uma especialização, um saber próprio, peculiar. Bourdoncle (1991 *apud* Ludke; Boing, 2004) destaca quatro critérios comuns a todas as profissões: uma base de conhecimentos sistematizados; interesse coletivo acima dos pessoais; código de ética controlado pelos pares e honorários pagos pelos serviços prestados.

Shulman (2005 *apud* Reis Monteiro, 2008), em abordagem mais ampla, apresenta um conjunto de seis atributos para caracterizar uma profissão, tais como: dever de prestar um serviço específico à sociedade;

---

[8] LAROUSSE. **Dicionário da língua portuguesa.** São Paulo: Ática, 2002.
HOUAISS, A. **Dicionário da língua portuguesa.** Rio de Janeiro: Objetiva, 2007.
FERREIRA, Aurélio B. H. **Dicionário da língua portuguesa.** 4. ed. Rio de Janeiro, 2002.
[9] Ministério do Trabalho e Emprego do Brasil. www.mte.gov.br
[10] BOURDONCLE, R. La professionnalisation des enseignants: analyses sociologiques anglaises et américaines. **Revue Française de Pédagogie**, Paris, n. 94, jan./mar. 1991.
BOURDONCLE, R. La professionnalisation des enseignants: les limites d'un mythe. **Revue Française de Pédagogie**, Paris, n. 105, p. 83-119, 1993.

existência de um corpo de saberes específicos de natureza acadêmica indispensáveis ao seu exercício; domínio de competências específicas de natureza prática; exercício de juízo em relação às incertezas; experiência como geradora de conhecimento; constituição de uma comunidade profissional responsável pelo controle da qualidade e pela vigilância desse grupo socioprofissional.

Sem ignorar o amplo e complexo debate em torno do que seja profissão, Enguita (1998) demarca critérios comuns aos grupos profissionais. Os critérios demarcados pelo autor são competência profissional, vocação, licença e autorregulação. A competência refere-se a um corpo de conhecimentos, destrezas e habilidades resultante de formação específica e de longo tempo. No contexto brasileiro, poderíamos chamar de formação inicial, e, semelhante ao que sugere Bourdoncle (1991), vocação seria o que chama de um interesse geral. A licença é constituída pelos modos de recrutamento para um campo próprio ou exclusivo de atuação, que é reconhecido e protegido pelo Estado; a independência relaciona-se à autonomia no exercício profissional perante a organização e os clientes; e, por fim, a autorregulação diz respeito a um código de ética, a uma entidade ou a uma associação organizada para a resolução de conflitos.

No que tange à profissão docente, que enfocamos neste livro, Nóvoa (1991) assinala que, no processo histórico de seu desenvolvimento, vão surgindo reivindicações socioprofissionais, tais como: reconhecimento do caráter especializado da ação educativa e de sua relevância social.

Segundo Roldão (2007), o que demarca o professor diante de outro profissional é a ação de *ensinar*. Afirma que, ao longo da história, o ensino existiu sob muitos formatos e com diversos estatutos, tendo assumido diferentes conotações conceituais entre a postura tradicional do "transmitir um saber" e a leitura mais pedagógica do "fazer aprender alguma coisa a alguém". Atualmente, o ensino é caracterizado pela figura da dupla transitividade e pelo lugar de mediação, atrelado ao sentido do segundo conceito da especialidade de fazer alguém aprender alguma coisa.

Ensinar, conforme Tardif e Lessard (2005, p. 31), significa "[...] trabalhar com humanos, sobre seres humanos e para seres humanos". Para os autores, a ênfase no trabalho com o humano ganha centralidade na profissão docente.

O ensino na perspectiva de Sacristán (1995) constitui uma prática social, não apenas porque se concretiza nas interações entre docente e discentes, mas porque tais atores refletem a cultura e contextos sociais aos quais pertencem.

Como afirma Sacristán (1995), os professores possuem um determinado status, que sofre variações de acordo com as sociedades em que atuam. Em seus diversos contextos, esses fatores sociais são complexos e variados.

A docência, como profissão, foi se tornando complexa, ao longo do tempo, indo além da função de ensinar, pois começou a exigir novas condições de trabalho. Nóvoa (1995) define tais mudanças como parte do processo de profissionalização, que corresponde à tomada de consciência do corpo docente de seus interesses como grupo profissional. Ao processo de profissionalização, vinculam-se duas dimensões: a definição de um corpo de conhecimentos e de técnicas e a elaboração de um conjunto de normas e valores.

A profissão docente exige o domínio teórico-prático do conhecimento da educação. Para tal exercício, um perfil profissional é requerido, cujas atividades e normas são também especializadas. Contreras (2002) trata a profissão docente atrelada a três dimensões: a *obrigação moral*, o *compromisso com a comunidade* e a *competência profissional*. A primeira dimensão deriva da suposição de que o ensino exige um compromisso moral para quem o realiza. O docente está comprometido com todos seus discentes em seu desenvolvimento humano. Mesmo que isso provoque, possivelmente, tensões e dilemas, ele reconhece o valor que eles possuem como pessoas. O aspecto moral do ensino está ligado à dimensão emocional presente em toda relação educativa.

> [...] pode-se entender a obrigação moral. Esta consciência moral sobre seu trabalho traz emparelhada a autonomia como valor profissional. Apenas a partir da assunção autônoma de seus valores educativos e de sua forma de realizá-los na prática (Contreras, 2002, p. 78).

A segunda dimensão, a que se refere Contreras (2002), é proveniente da relação com ambiente social em que o docente desenvolve sua prática profissional. A educação não é uma questão da vida privada dos professores, mas uma ocupação social responsável e pública. Essa responsabilidade pública envolve a comunidade, que deve participar das decisões sobre o ensino.

> Já não estamos falando do professor ou da professora, isolados em sua sala de aula, como forma de definir o lugar de sua competência profissional, mas da ação coletiva e organizada e da intervenção naqueles lugares que restringem o reconhecimento das consequências sociais e políticas do exercício profissional do ensino (Conteras, 2002, p. 82).

Por fim, a terceira dimensão, talvez a mais significativa delas, diz respeito ao domínio de habilidades, técnicas e recursos para a ação didática, assim como o conhecimento sobre aqueles aspectos da cultura referente ao objeto do que se ensina. A obrigação moral dos professores e o compromisso com a comunidade requerem uma competência profissional/técnica condizente com ambos. Na visão desse autor, a competência é algo complexo que combina habilidades, princípios e consciência do sentido e das consequências das práticas pedagógicas. "Só é possível realizar juízos e decisões profissionais, quando se dispõe de um conhecimento profissional do qual extrair reflexões, ideias e experiências com os que se pode elaborar tais decisões" (Contreras, 2002, p. 83).

Uma das condições essenciais a toda profissão é, segundo Gauthier *et al.* (2006), a formalização dos saberes necessários à execução das tarefas que lhe são próprias. No entanto, ainda que o ensino venha sendo realizado há séculos e seja um trabalho universal, é difícil explicitar os saberes envolvidos nesse ofício. Por essa razão, os autores alegam que o ensino, para muitos, se torna uma espécie de *ofício sem saberes*. Citam alguns erros dessa "cegueira conceitual": por exemplo, acreditar que para ensinar basta ter talento ou ter bom senso, apenas dominar o conteúdo ou ser criativo, seguir sua intuição ou acumular experiência prática. Tais equívocos impedem a manifestação de saberes profissionais específicos, pois não relacionam competência à posse de um saber próprio ao ensino.

Dessa forma, Gauthier *et al.* (2006) concebem o ensino como um *ofício feito de saberes*. Consideram que a "[...] mobilização de vários saberes forma uma espécie de reservatório no qual o professor se abastece para responder às exigências específicas de sua situação concreta de ensino" (Gauthier *et al.*, 2006, p. 28). Tal reservatório de saberes seria composto por: *saber disciplinar, saber curricular, saber das ciências da educação, saber da tradição pedagógica, saber experiencial* e *saber da ação pedagógica*.

O *saber disciplinar* corresponde ao saber produzido pelos pesquisadores e cientistas, nas diversas disciplinas científicas. Diz respeito ao conhecimento por eles produzidos a respeito do mundo dos quais o professor extrai o saber a ser ensinado.

> Saberes disciplinares correspondem às diversas áreas do conhecimento, correspondem aos saberes que se encontram à disposição de nossa sociedade tais como se acham hoje integrados à universidade sob a forma de disciplinas, no âmbito de faculdades e cursos distintos. (Tardif; Lessard; Lahaye, 1991 *apud* Gauthier *et al.*, 2006, p. 29).

O *saber curricular* diz respeito aos saberes selecionados pela instituição de ensino, transformado em corpus, que será ensinado nos programas escolares. Esses programas não são produzidos pelos professores, mas por outros agentes — na maioria das vezes, funcionários do Estado ou especialistas das diversas disciplinas.

O *saber das ciências da educação* é específico e não está diretamente relacionado com a ação pedagógica, mas serve de pano de fundo para a ação do professor e de outros membros de sua categoria, pois é socializado da mesma maneira. Esse tipo de saber permeia a maneira de o professor existir profissionalmente.

O *saber da tradição pedagógica* está atrelado à maneira de dar aulas ao longo da história da sociedade, que foi se cristalizando num caráter tradicional. A perspectiva de escola formulada e/ou idealizada pelo professor exerce forte influência sobre ele e, assim, o determina antes mesmo de seu ingresso em um curso de formação de professores. Esse saber será adaptado e modificado pelo saber experiencial e, principalmente, validado ou não pelo saber da ação pedagógica.

O *saber experiencial* é a própria experiência e hábito na prática profissional. Tais experiências se tornam então regras e, ao serem repetidas, assumem caráter de uma atividade de rotina. Embora muitos considerem esse saber como o mais importante, convém destacar que

> [...] a experiência precisa ser alimentada, orientada por um conhecimento anterior mais formal que pode servir de apoio para interpretar os acontecimentos presentes e inventar soluções novas (Gauthier *et al.*, 2006, p. 24).

Por fim, o *saber da ação pedagógica* é o saber experiencial dos professores a partir do momento em que se torna público e que é testado por meio de pesquisas realizadas em sala de aula. Os saberes da ação pedagógica legitimados pelas pesquisas são atualmente o tipo de saber menos desenvolvido no reservatório de saberes do professor e, também, ironicamente, o mais necessário à profissionalização do ensino. Pois para profissionalizar o ensino é essencial identificar os saberes da ação que são válidos e levar os outros atores sociais a aceitar a pertinência desses saberes. Via de regra, esse saber se perde quando o professor deixa de exercer o ensino.

Em alguns casos, a docência não se constitui de fato uma profissão, sendo considerada sob o status de ofício ou como semiprofissão, pseudoprofissão, quase-profissão e subprofissão. Bourdoncle (1991, p. 80) discorre sobre o debate acerca do desprestígio da docência como uma semiprofissão, elencando os seguintes motivos:

a) Os professores não rejeitam o fato que pessoas externas à sua atividade, os membros do Conselho de Educação, dirijam as suas próprias tarefas técnicas e pedagógicas;

b) Suas associações profissionais procuram manter relações de empregados/empregadores com as autoridades e lutam unicamente no terreno da questão dos salários e das condições de trabalho;

c) Os critérios estabelecidos para ser membro com todos os direitos do grupo profissional, definidos não pela profissão, mas pela administração, são regularmente violados por ela própria sem muitos protestos dos titulares.

Além dos motivos citados, mais do que outras profissões, os docentes estão mais vulneráveis a pressões exteriores de toda ordem, uma vez que o controle sobre os docentes se reforça e sua autonomia se reduz.

Em relação à subcultura profissional, é necessário que se crie o que o autor chama de consciência profissional. Para que se efetue, é preciso acionar potentes mecanismos de socialização controlados (uniforme ou a farda profissional, prova iniciática traumatizante e concurso de entrada ou de saída). Tais mecanismos estão enfraquecidos, ou inexistentes, na formação dos docentes, e nenhuma instância externa, conselho da ordem ou outra, nenhum código escrito pode substituir a interiorização necessária das normas profissionais.

Sacristán (1995) considera que as profissões se definem pelas suas práticas e por um certo monopólio das regras e dos conhecimentos da atividade que realizam. Devido à existência de influências políticas, econômicas e culturais, os docentes não produzem os conhecimentos que são chamados a produzir, nem determinam as estratégias práticas de ação, ou sequer detêm a responsabilidade exclusiva sobre a atividade educativa; por conseguinte, ocorre uma regulação externa do seu trabalho.

Para Bourdoncle (1991), é possível que docência alcance o status de profissão e propõe a imagem de um novo docente. Esse novo docente não seria a caricatura do docente funcionário facilmente formado, nem escravo de um programa que pormenoriza até o tempo quotidiano que deve dedicar a cada matéria; nem estaria submetido a inspeções frequentes e a uma regulamentação administrativa rigorosa. Ao invés disso, seria um verdadeiro profissional, mais autônomo no seu trabalho e em relação à hierarquia e ao regulamento, capaz de assumir maior autonomia, que foi dada aos estabelecimentos e a ele próprio para adaptar e individualizar o ensino tendo como base o método clínico.

Para o surgimento desse novo docente, é preciso que haja uma reestruturação das escolas a fim de que forneçam um ambiente profissional e não burocrático aos docentes, que terão autonomia de decisão sobre os meios para atingir os objetivos fixados pelo Estado e instância local; criação de um Conselho Nacional das Normas Profissionais de Ensino (para definir as normas que os docentes devem saber e sejam capazes de fazer; conferir um certificado de docente a aqueles que correspondam a essas normas); e fazer da formação profissional dos docentes um ciclo pós-licenciatura, como ocorre com a Medicina ou o Direito.

Para todos os efeitos, o autor alega que não há contradição entre aqueles que contestam, que os docentes são profissionais, e aqueles que pressentem, ou querem que eles o sejam. Os dois grupos se utilizam, em grande parte, dos mesmos critérios, tais como: autonomia, salários, regulamentação por meio de uma espécie de conselho da ordem, existência de uma base de conhecimento reconhecida, que deve ser professada aos futuros profissionais, o que distinguiria a profissão de um ofício e a instituiria. Para levar jovens a ingressarem no ensino, a fim de que transformem a necessidade de ganhar a vida em um compromisso pessoal mais intenso, em vocação mais propícia ao ato educativo, é preciso algo que dê sentido ao seu compromisso e que esse movimento tenha como objetivo garantir maior estatuto social e reconhecimento do serviço prestado pela profissão.

De acordo com Weber (2003), no Brasil, como em outros países, a profissão docente foi sendo normatizada a partir do momento em que o Estado tomou para si o controle da escola, com a finalidade de atender às necessidades de escolarização impostas pelo processo de modernização da sociedade. A autora, utilizando-se de um referencial da Sociologia das Profissões, retraça a trajetória da profissão docente no país e mostra o papel do Estado, das instituições formadoras de professores e das associações ou entidades profissionais em tal percurso. Ao referir-se ao Estado, apresenta seu papel regulador e normativo por meio da evolução da legislação educacional, suas implicações e repercussões para docência; e, em relação às instituições formadoras, evidencia seus projetos formativos. Além disso ressalta o papel das entidades, suas lutas, embates e reivindicações para com a docência. Podemos inferir que as três instâncias citadas por Weber (2003) têm sido responsáveis por produzir e reproduzir um corpo de saberes e um sistema de normas próprias que caracterizam a profissão docente no país.

No entanto, o que discutimos a respeito de critérios que caracterizam a profissão docente no Brasil, ou seja, o discurso oficial em favor da profissionalização do professor, conforme Hypólito (1999), não tem surtido efeitos práticos. Na sua visão, esse discurso assume uma função disciplinadora, controladora e ideológica, pois as condições concretas, sobre as quais a atividade docente se realiza, são cada vez mais desqualificadas. Os professores são submetidos, entre outros aspectos, ao rebaixamento de salários e à diminuição das chances de acesso aos bens culturais, portanto contrariam o que se denomina como profissionalização da docência.

Em consonância com Hipólito (1999), Dourado (2001) reconhece a formação inicial insuficiente, os baixos salários e as precárias condições de trabalho como elementos que sinalizam para uma aguda proletarização docente. Na mesma linha de argumentação, Lüdke e Boing (2004) afirmam que não se pode desconsiderar que o professor vivencia, hoje, sinais evidentes de precarização em termos de valorização, prestígio, poder aquisitivo, condições de vida, respeito e satisfação no exercício do magistério. Tal cenário põe em risco a profissionalização.

Alves e André (2013), em estudo recente sobre a profissionalidade, ressaltam a crise do ofício de professor como resultado da confluência de vários fatores, tais como: baixos salários, minguadas condições de trabalho, pressão das avaliações institucionais externas e poucas horas de estudo. Os autores acrescentam que a precarização da docência concorre para afastar, cada vez mais, os jovens da carreira docente, que não lhes oferece atrativos.[11]

Em geral, as profissões resultam de uma dinâmica social, pois estão em constantes transformações e sempre procuram atender às demandas da sociedade. Uma profissão é um tipo específico de trabalho, que vai variar de acordo com as habilidades e os conhecimentos, que são necessários para exercê-la.

Segundo Tardif (2000), a desmotivação em relação à profissionalização do ensino e a formação para o magistério decorre da crise a respeito do valor dos saberes profissionais, das formações profissionais, da confiança do público nas profissões e nos profissionais. O autor considera que essa crise coloca atualmente os organizadores das reformas do ensino e da profissão docente em uma situação duplamente coercitiva: por um lado, há

---

[11] Ver mais em: TARTUCE, G. L. B. P.; NUNES, M. M. R.; ALMEIDA, P. C. A. de. **Atratividade da carreira docente no Brasil**: Relatório Preliminar. São Paulo: Fundação Carlos Chagas, 2009.

pressões consideráveis para profissionalizar o ensino, a formação e o ofício de educador; por outro, as profissões perderam um pouco de seu valor e de seu prestígio, e já não está mais tão claro que a profissionalização do ensino seja uma opção tão promissora.

Em revisão da literatura sobre a profissão docente no Brasil, Cericato (2016) afirma que, de modo geral, as profissões resultam de uma dinâmica social, e são dinâmicas porque estão em constante transformação, procurando sempre atender às demandas da sociedade. Para se caracterizar uma profissão, são necessárias competências especializadas e formais, que são adquiridas por meio de formações técnicas ou universitárias. Conforme a autora, por meio de uma profissão interliga-se um conjunto de saberes e de pessoas, estabelecendo as exigências que buscam demarcar os parâmetros para uma determinada atividade. Lembra ainda que dentre esses saberes se destacam o conhecimento especializado, a aquisição de técnicas, o grau de autonomia e a organização, o que confirma a competência e fixa as regras da atividade profissional.

Segundo Cericato (2016), na literatura há certa dificuldade para se definir a docência como uma profissão, em decorrência de alguns fatores, por exemplo a estatização, que retira a autonomia do professor, uma vez que o Estado regulamenta, licencia e fiscaliza. Além disso, não há qualquer regulamentação interna para a profissão docente. Por exemplo, os arquitetos, médicos, contadores contam com os conselhos próprios para uma maior fiscalização e defesa de seus respectivos campos/territórios de ação. Tais conselhos procuram normatizar o campo de ação de cada profissão, o que se traduz em segurança profissional e maior autonomia. Como diz a autora, a profissão docente, assim como as demais profissões, enfrenta seus desafios, dentre os quais merecem destaques: desvalorização social, precariedade das condições de exercício profissional, fragilidade da formação técnica e baixos salários. Contudo definimos a docência como profissão, pois, assim como as outras profissões, tem o seu conhecimento específico, resultado de uma formação especializada. Não é qualquer indivíduo que está apto a exercer a docência porque não basta, apenas, dominar os conteúdos de ensino. Trata-se de uma profissão em que se estabelece uma relação com o objeto do trabalho: o sujeito (ser humano) que aprende.

As considerações em torno da profissão docente que aqui trouxemos revelam a situação de crise e precarização vivenciada pelos professores, fenômenos que podem, de algum modo, justificar a tendência à evasão do magistério na fase inicial da docência, já revelada por outros autores internacionais e nacionais, tais como: Imbernón (2006), Nono e Mizukami (2006), Papi e Martins (2009) e Cericato (2016).

Considerando o cenário apresentado e discutido, relativo à profissão, estamos cientes de que os professores em início de carreira constroem representações sociais da "profissão docente". Procurarmos neste livro identificar, a partir do referencial de Willem Doise, seus elementos comuns, variações e ancoragens. Ressaltamos que o conteúdo teórico aqui exposto será útil ao nosso caminhar metodológico, apresentado no próximo capítulo.

Capítulo 2

TRILHAS PERCORRIDAS PARA DESVELAR AS REPRESENTAÇÕES SOCIAIS DO SER PROFESSOR PARA DOCENTES INICIANTES

Para identificar as representações sociais do ser professor, construídas por docentes da educação básica em início de carreira, inicialmente, desenvolvemos um estudo bibliográfico. Para realização desse levantamento, consideramos as seguintes bases: portal da Capes, *scielo* e educ@. A localização dos trabalhos foi feita com base nos descritores: profissão docente e professor iniciante. Assim, organizamos e apresentamos no terceiro capítulo deste livro uma súmula do estado do conhecimento sobre o tema *professor iniciante*.

Paralelo a esse estudo bibliográfico sobre o início da carreira docente, desenvolvemos um levantamento de informações, junto às Secretarias Municipal e Estadual de Educação (sucursal-Recife-PE) para identificar a quantidade de professores que se encontravam na condição de iniciante na profissão na rede de ensino público; atividades desenvolvidas na educação básica e escolas nas quais estavam lotados. Com base nos dados fornecidos pela Secretaria Municipal de Educação[12], fomos em busca dos docentes em início de carreira a fim de mapear o quadro de docentes da educação básica em início de carreira no Recife. Os resultados desse mapeamento mostraram certa peculiaridade em relação aos sujeitos investigados, ou seja, mesmo sendo oficialmente considerados professores iniciantes na profissão[13]; na prática, os professores da rede pública municipal não assumiam essa condição. Quase totalidade dos sujeitos consultados admitiu estar iniciando a docência em escola pública, no entanto já havia construído todo um saber sobre a profissão durante sua atuação anterior, em instituições particulares de ensino. Isso nos levou a ampliar o grupo participante, ou seja, diante da dificuldade de encontrarmos profissionais que atendessem ao critério *ser*

---

[12] Uma de nossas primeiras providências foi enviar correspondência à Secretaria Municipal de Educação do Recife solicitando informações para a localização dos doentes em início de carreira na rede municipal.
[13] Dadas as dificuldades de se localizar professores em início de carreira nas escolas públicas da Região Metropolitana do Recife, adotamos, com base em Garcia (1999), o critério: estar há até cinco anos no exercício da docência.

iniciante na profissão docente, incluímos os municípios de Olinda e Jaboatão dos Guararapes, situados na Região Metropolitana do Recife. Após a redefinição desse perfil, chegamos a 85 professores iniciantes na carreira.

Após identificar os sujeitos, desenvolvemos um estudo de campo a fim de identificar os sentidos atribuídos à profissão. Buscamos, com apoio de questionário, caracterizar os elementos comuns e partilhados das representações sociais do ser professor por docentes iniciantes.

Convém informar que Willem Doise e colaboradores, em suas pesquisas de base societal, adotam o questionário como principal procedimento de investigação. Por exemplo, nos estudos desenvolvidos por Doise (2002) sobre os direitos humanos, em 30 países de diferentes continentes, foram utilizados questionários organizados em escalas variadas e adaptadas ao estudo das representações sociais.

O questionário foi respondido por um grupo de 85 professores. Para selecioná-los, adotamos os seguintes critérios: atuar como professor há, no máximo, até cinco anos; ter concluído o curso de graduação (licenciatura); lecionar nas diferentes etapas da educação básica, ou seja, educação infantil, anos iniciais e finais do ensino fundamental e ensino médio. Os docentes iniciantes, no exercício do magistério, atuavam em escolas municipais e estaduais sediadas nos municípios do Recife, Olinda e Jaboatão dos Guararapes.

Prosseguimos com a terceira fase investigativa para identificar as possíveis variações existentes nas representações do ser professor, que são elaboradas pelos diferentes grupos de professores (educação infantil, ensino fundamental e médio) em início de carreira. Construímos um subgrupo composto por 70 participantes da fase anterior, com o qual realizamos uma entrevista individual de caráter semiestruturado. Os participantes estavam assim distribuídos: 11 professores de educação infantil, 13 dos anos iniciais do ensino fundamental, 31 professores dos anos finais e 15 docentes iniciantes que atuavam no ensino médio.

De posse dos resultados das entrevistas e tendo em vista a possibilidade interativa propiciada pelo grupo focal, na última fase investigativa, utilizamos tal recurso para detectar as variações existentes nas representações do ser professor dos diferentes grupos de docentes novatos na profissão. A apreensão de tais variações funcionou como um suporte para análise das ancoragens.

O grupo focal em pesquisa caracteriza-se como "[...] um conjunto de pessoas selecionadas e reunidas por pesquisadores para discutir e comentar um tema, objeto de pesquisa, a partir da sua experiência pessoal" (Gatti, 2012,

p. 7). O uso dos grupos focais pressupõe que os sujeitos possuam algumas características em comum e vivências com o fenômeno a ser discutido, a fim de possibilitar a discussão da questão levantada de forma interativa e, no caso da presente investigação, apreender os elementos que estão ancorados nas suas representações do ser professor.

Realizamos dois grupos focais: o primeiro envolveu oito participantes; e o segundo contou com a participação de sete sujeitos que atuavam nas diferentes etapas da educação básica. Em tais situações interativas, conseguimos evidenciar melhor as ancoragens das variações nas representações do ser professor para os docentes em início de carreira. Formamos grupos variados, isto é, no primeiro grupo contamos com a participação de dois docentes de cada segmento da educação básica. Para a realização do segundo grupo, contamos com a participação de quatro docentes do ensino fundamental, assim distribuídos: três dos anos finais e uma dos anos iniciais. Também uma professora de educação infantil e outra de ensino médio.

Dos 85 professores iniciantes na carreira que investigamos, 20 desses profissionais atuavam na educação infantil, 50 eram professores de ensino fundamental e 15 atuavam como docentes de ensino médio. Do conjunto desses professores, 52 atuavam em instituições estaduais e 33 em escolas municipais[14].

Para selecionar os professores, adotamos os seguintes critérios: possuir formação em licenciatura e atuar há, pelo menos, até cinco anos como docente em educação infantil, anos iniciais ou finais do ensino fundamental e ensino médio. Todos os 33 docentes participantes que atuavam na rede municipal eram professores efetivos, e dos 52 docentes que atuavam na rede estadual somente 12 eram docentes efetivos, pois os demais estavam assumindo a docência com contrato temporário.

Lembramos que inicialmente, em consonância com a literatura especializada, definimos como critério de participação: o docente estar com até três anos de exercício profissional. No entanto, inúmeras foram as dificuldades para localizar profissionais com esse perfil. Mesmo de posse das listas dos docentes recém-ingressos, disponibilizadas pelas redes de ensino, quando conseguimos identificar os profissionais, a grande maioria não correspondia ao critério estabelecido, pois, antes de serem contratados pela secretaria municipal ou estadual, os professores já haviam assumido a docência em outra rede ou instituição particular. A busca por professores em início de

---

[14] A maior concentração de participantes vinculados às escolas estaduais deveu-se a uma participação maior de professores dos anos finais do ensino fundamental e médio, pois são os estados os responsáveis por essa oferta.

carreira foi longa, e um dos nossos achados preliminares foi constatar que, no município do Recife, o professor tem iniciado cada vez mais precocemente sua carreira profissional, sobretudo durante o processo de formação inicial.

O grupo investigado foi constituído por 73 mulheres e 12 homens. Desse conjunto, 55 atuavam em Recife, 13 em Olinda e 17 em Jaboatão dos Guararapes. Quanto ao tempo de exercício na carreira docente, o grupo ficou assim distribuído: 14 professores estavam com menos de um ano; 13 com até dois; 20 com até três; 14 com até 4 e 24 com até cinco anos na docência. A média de idade do grupo ficou em torno de 27 anos.

Todos os professores iniciantes fizeram formação inicial em curso de licenciatura em diversas áreas, tais como: 28 em Pedagogia, 21 em Letras, 12 em Ciências Biológicas, três em Química, seis em História, seis em Matemática, quatro em Geografia, um em Física, três em Educação Física e um em Música. Dos docentes, 45 tinham concluído curso de pós-graduação lato sensu, três cursavam mestrado, e os demais eram apenas graduados. Mais da metade dos sujeitos fez sua formação acadêmica inicial em instituições privadas.

Conforme dados recolhidos nas entrevistas, a maioria dos professores iniciantes se mantém ocupada em mais de um horário, seja ministrando aulas particulares de reforço, seja desenvolvendo atividades como comercialização de bijuterias, perfumes, roupas, entre outros.

Analisamos as informações contidas no questionário de acordo com a análise de conteúdo categorial proposta por Bardin (1997). A técnica oferece possibilidades de organização de dados verbais, textos escritos e imagens. É uma técnica recorrentemente utilizada nas pesquisas qualitativas, devido à sua capacidade de extrapolar a obtenção de resultados descritivos, o que garante uma análise mais densa do material e, por conseguinte, leva à construção de inferências.

O uso de procedimentos sistemáticos e a descrição do conteúdo das mensagens, que desenvolvemos, de acordo com essa técnica, nos permitiram fazer inferências e tirar conclusões acerca do conteúdo comum e das ancoragens das representações sociais do ser docente. Com o suporte técnico da análise de conteúdo, analisamos, também, o material produzido com a realização dos grupos focais.

Os depoimentos das entrevistas foram transcritos, editados e processados no software Análise Lexical Contextual (Alceste)[15]. O programa foi desenvolvido na França, na década de 1970, introduzido no Brasil em 1998

---

[15] O software foi adquirido pela pesquisadora com recursos provenientes do CNPq e encontra-se disponível para ser utilizado pelos membros do nosso grupo de pesquisa.

e possibilita uma análise quantitativa de dados textuais. Esse programa gera classes lexicais formadas por Unidades de Contexto Elementar (UCEs). As classes são formadas por palavras de contexto similar e estáveis, ou seja, com vocabulário semelhante.

O software Alceste é pioneiro no uso da informática para análise de conteúdo e, tradicionalmente, é utilizado em estudos de linguística. O uso do programa tem se consolidado em pesquisas brasileiras que tomam a Teoria das Representações Sociais como referencial de base, por exemplo nos trabalhos de Espindula e Santos (2004), Lima e Fernandes (2008), Marcelino, Catão e Lima (2009), Menin *et al.* (2008), Oliveira *et al.* (2001), Petrenas e Lima (2007) e Soares (2005).

Os dados textuais processados pelo Alceste geram classes que "[...] podem indicar representações sociais, ou campos de imagem sobre um dado objeto ou, somente, aspectos de uma mesma representação social" (Camargo, 2005, p. 517). Em contato com os campos semânticos (palavras) e os respectivos contextos (UCEs) em que as palavras foram utilizadas, o pesquisador pode apreender as representações sociais subjacentes ao vocabulário ali exposto.

Além de identificar o conteúdo do material por meio da apresentação das classes, explicitamos, em capítulo posterior deste livro, a disposição dos resultados, com a finalidade de estabelecer correlações com as variáveis e/ou características do grupo pesquisado. Dessa forma, procuramos identificar os consensos e as variações das representações sociais do ser professor intra e intergrupos de docentes em início de carreira.

Capítulo 3

PROFESSOR INICIANTE: ESTADO DA PRODUÇÃO ACADÊMICA BRASILEIRA

Como já afirmamos, na introdução deste livro, autores como Huberman (1995) e Garcia (1999) deixam claro que o início da docência é um período delicado, fase de confronto com as complexidades do trabalho docente e de enfrentamento das condições de trabalho nas escolas e alunado. Um período decisivo para o professor se definir em relação à sua permanência na profissão.

No Brasil, conforme já citado, a produção acadêmica sobre o professor em início de carreira tem crescido, e os estudos do tipo estado do conhecimento revelam que, embora seja uma temática que tem ganhado destaque, merece ser mais explorada.

Estudos denominados "Estado da Arte" ou "estado do conhecimento" são de natureza qualitativa e assumem um caráter exploratório e bibliográfico. De acordo com Ferreira (2002), tais pesquisas buscam mapear e discutir a produção acadêmica em diferentes campos, com a finalidade de identificar quais aspectos e dimensões de um tema são privilegiados, em diferentes épocas e lugares e, também, de que formas e em que condições são produzidos os trabalhos acadêmicos. Conforme Morosini e Fernandes (2014), a confiabilidade de um "Estado da Arte" depende, em grande parte, do recorte do universo a ser investigado, das fontes disponíveis e do seu tratamento.

Como já citamos, dentre os estudos dessa natureza, que enfocam o professor iniciante, pudemos mencionar os de Papi e Martins (2009), Corrêa e Portella (2012) e Papi e Carvalho (2013). As autoras desses trabalhos reconhecem o avanço da produção científica sobre o tema e afirmam que há uma concentração estudos com professores que atuam nos anos iniciais do ensino fundamental e educação superior.

Ressaltamos que Papi e Martins (2010) realizaram uma análise das produções sobre o professor iniciante no banco de teses e dissertações da Capes, entre os anos 2000-2007, e encontraram 40 trabalhos publicados nesse período. O levantamento feito por Corrêa e Portella (2012), também realizado na mesma fonte e cobrindo o período referente a 2008-2012, identificou um quantitativo de 29 trabalhos. Tais balanços da produção evidenciaram que a maioria das pesquisas analisa o professor iniciante com foco na sua prática pedagógica, construção de sua identidade, socialização profissional e, também, dificuldades e dilemas vividos por esses profissionais. As pesquisas revelam a quase inexistência de ações formativas para esses professores e a necessidade das pesquisas se dedicarem mais ao tema, considerando a relevância dessa etapa da carreira para a vida profissional.

Na intenção de revisar o conhecimento sobre as representações do ser professor construídas por docentes de educação básica em início de carreira, realizamos um levantamento bibliográfico a fim de atualizar o debate científico sobre o professor iniciante. Para isso, analisamos os resumos de teses e de dissertações sobre o tema contidos no banco da Capes, tomando como referência o período que compreende os anos de 2013 a 2016. Os trabalhos deveriam estar vinculados ao campo da Educação e afins, tendo como objeto de estudo e sujeitos investigados o professor iniciante. Para o levantamento, tomamos por base os descritores "professor iniciante" e "professor em início de carreira". Como apresentamos na Tabela 1, os trabalhos selecionados importaram em um total de 54 produções, distribuídas em 43 dissertações e 11 teses. A maioria das produções (45 trabalhos) foi desenvolvida em programas de pós-graduação em educação.[16]

Tabela 1 – Distribuição das publicações sobre o professor iniciante no período 2013 – 2016

Trabalhos	2013	2014	2015	2016	Total
Dissertações	06	12	05	20	43
Teses	0	03	04	04	11
Total			54		

Fonte: dados da pesquisa

Com base nos trabalhos desenvolvidos por Papi e Martins (2010), Corrêa e Portella (2012) e no exame da produção (Tabela 1), é possível reafirmar que os últimos 15 anos revelaram um crescimento do campo de estudos sobre o professor iniciante, levando cada vez mais estudantes de pós-graduação em Educação e áreas afins a se interessarem por estudar esse grupo profissional.

---

[16] Os demais trabalhos foram desenvolvidos em cursos de pós-graduação em História, Geografia, Letras, Linguística e Desenvolvimento Humano.

Para organização deste capítulo, enfocamos aspectos conceituais, objetivos e enfoques teóricos dos trabalhos; aspectos metodológicos das produções; e, por fim, apresentamos a relevância de se mapear no contexto da produção cientifica brasileira sobre o docente iniciante.

3.1 Aspectos conceituais, objetivos e enfoques teóricos dos trabalhos

O conjunto dos trabalhos analisados indica um crescimento da produção científica sobre o professor iniciante, que é abordado de modo um mais abrangente nesses estudos. Mesmo que sejam enfatizados os dilemas e dificuldades enfrentados pelos docentes ao ingressarem na carreira, os estudos tratam de outros aspectos, tais como: programas de apoio aos docentes em início de carreira; formação inicial e continuada; práticas e saberes; identidade e o processo de desenvolvimento profissional. Diferentemente dos trabalhos iniciais, as pesquisas não se voltam, apenas, para detectar dificuldades, ou seja, o choque de realidade vivenciado pelos docentes novatos.

Detectamos que as pesquisas publicadas no banco da Capes no período 2013-2016 enfatizaram identidade profissional, saberes e construção da profissionalidade, desenvolvimento profissional docente, programas de apoio e formação continuada do docente iniciante, questões emocionais, sentimentos, motivações, mal-estar e estresse e outros dilemas e desafios do professor iniciante no exercício de suas práticas.

Nos resumos dos trabalhos que focalizam o processo de constituição da identidade profissional do docente iniciante, foi possível depreender que essa construção não se faz de forma idêntica com todos os professores em início de carreira, independentemente da formação inicial recebida. A construção da identidade não segue um movimento linear, pois surgem constantes modificações e reformulações ao longo da vida profissional do indivíduo. A não linearidade se faz em razão de a identidade ser, em sua essência, mutável e influenciada pelas representações e acontecimentos sociais que produzem formas de identificação positivas e/ou negativas para com a profissão, nesse caso com a docência.

Nos trabalhos que tratam da identidade do professor iniciante, a fase de entrada na carreira é reconhecida como crucial para a sua construção, pois, mesmo tendo formulado identificações e perspectivas positivas para com a docência durante o processo formativo institucional, inevitavelmente, o professor novato vivencia as adversidades do trabalho, apenas e somente após o ingresso definitivo na profissão. Tais limites e dificuldades são fundamentais para a construção de sua identidade docente.

De modo geral, os estudos que tratam dos saberes mobilizados pelos docentes iniciantes sugerem que o saber disciplinar ou o saber do conteúdo não representam isoladamente o saber docente. Ao contrário, revelam que tais profissionais mobilizam saberes múltiplos, entre os quais o pedagógico e o curricular, que integram o reservatório de saberes disponível.

Como afirma Morgado (2011, p. 796), a profissionalidade é algo abrangente, constituído por um processo que

> [...] constrói-se de forma progressiva e contínua, baseia-se no desenvolvimento de competências e da identidade profissional, inicia-se na profissionalização e prolonga-se ao longo de toda a carreira.

Sua perspectiva se aproxima, nesse sentido, à ideia de desenvolvimento profissional, entendido como um processo contínuo de formação e de aprendizagem docente ao longo da carreira. Os trabalhos que abordam a profissionalidade e o desenvolvimento profissional de professores nos primeiros anos de exercício docente investigam os principais desafios enfrentados em suas práticas cotidianas e os elementos que afetam o seu desenvolvimento profissional.

No Brasil, são poucos os projetos voltados aos professores iniciantes, no entanto identificamos os trabalhos de Conceição (2014), Masseto (2014), Lima (2015) Godeguez (2016), Cardoso (2016) e Huanita (2016), que, em suas dissertações e teses, investigaram programas de formação e de apoio aos professores em início de carreira. Lembramos que, na visão de Garcia (1999), os programas de inserção, que incluem estratégias de apoio e de acompanhamento, poderão trazer as seguintes contribuições: facilitar a convivência do docente iniciante com os desafios impostos pela docência na fase inicial; incentivar o iniciante a desenvolver uma dinâmica de autoformação e de participação em projetos formativos; e possibilitar a compreensão de que o desenvolvimento profissional é um processo contínuo. No âmbito dos resumos, não conseguimos detectar como têm sido desenvolvidos os projetos de apoio ao iniciante, o que demandaria uma investigação mais aprofundada desses trabalhos. Contudo as produções indicam que começam a despontar preocupações com o apoio e com o acompanhamento desse grupo profissional, por iniciativa dos sistemas públicos de educação e, também, pelas universidades.

Por fim, localizamos trabalhos que, seguindo a prática de estudos acerca da fase inicial de ingresso na docência, abordam dilemas e desafios do exercício docente, que estão articulados a emoções, sentimentos, motivações, mal-estar e estresse docente. Desse grupo de estudos, podemos destacar as dissertações de Irma (2014), Barros (2015) e Almeida (2016).

Com relação aos autores citados nos resumos, há uma acentuada variação, no entanto, o autor M. Huberman (1992) constitui-se uma referência central nesse campo de investigação. Merecem destaques, também, as referências aos autores M. Tardif, M. Garcia; A. Nóvoa; e, às brasileiras S. G. Pimenta; e E. F. Lima. Na Tabela 2, a seguir, indicamos os autores mais presentes nos resumos.

Tabela 2 – Autores mais citados nos resumos referentes às pesquisas sobre professores iniciantes

Autores mais citados	f
M. Huberman	19
M. Tardif	09
M.Garcia	11
Nóvoa	06
S.G Pimenta	05
E.F.Lima	04
Total	54

Fonte: dados da pesquisa

3.2 Aspectos metodológicos das produções

Quanto à metodologia, constatamos que, do total dos resumos (54), um número considerável (17) não faz referência à abordagem da pesquisa, porém, a maioria dos resumos (37), faz referência à abordagem qualitativa. Os procedimentos utilizados pelos autores para coleta de dados são variados, sobressaindo-se, no conjunto dos resumos analisados, as entrevistas e o questionário. Fazem referência ainda à observação, ao grupo focal e ao grupo de discussão, entre outros. Constatamos que a maior parte dos trabalhos utilizou mais de uma técnica de coleta. Na Tabela 3, a seguir, apresentamos tais técnicas.

Tabela 3 – Técnicas de coleta de dados indicados nos resumos dos trabalhos

Instrumento de coleta	f
Entrevista semiestruturada	31
Questionário	15
Observação	09
Narrativa/autobiografia	07
Grupo focal e/ou de discussão	03
Análise documental	02

Fonte: dados da pesquisa

Conseguimos depreender que os grupos profissionais iniciantes estudados se ampliaram. Localizamos estudos sobre os professores iniciantes de educação infantil, educação de jovens e adultos, dos anos finais do ensino fundamental, com atuação em coordenação pedagógica e áreas específicas, tais como: História, Geografia, Matemática, Educação Física, língua estrangeira. No entanto, na produção investigada, prevalecem ainda trabalhos que enfocam professores iniciantes dos anos iniciais do ensino fundamental e docentes da educação superior. Dentre os estudos com o primeiro grupo (dos anos iniciais do ensino fundamental), identificamos 17 trabalhos, e como segundo grupo de iniciantes (educação superior), 14 trabalhos. Supomos, a partir do exame da produção, que o número de pesquisas com professores iniciantes dos anos iniciais é maior do que o acima indicado, contudo, devido às limitações dos resumos, não conseguimos identificá-los, uma vez que dez resumos se referiram de modo genérico ao professor iniciante, ou seja, não explicitaram em qual nível ou modalidade de ensino os investigados atuavam. Na Tabela 4, apresentamos os sujeitos indicados nas investigações sobre o professor em início de carreira.

Tabela 4 – Participantes das pesquisas conforme o nível ou modalidade de ensino em que atuam

Professor iniciante	f
Anos iniciais do ensino fundamental	17
Educação superior	14
Anos finais do ensino fundamental	08
Educação Infantil	04
Educação de jovens e Adultos (EJA)	01

Professor iniciante	f
Coordenador iniciante	01
O resumo não indica onde o iniciante atua	10
Total	54

Fonte: dados da pesquisa

Com esse balanço, detectamos que, na produção científica brasileira, começam a despontar estudos com docentes iniciantes de educação infantil (quatro estudos) e da educação de jovens e adultos (um trabalho). No entanto não identificamos estudos que abordassem o professor iniciante com atuação no ensino médio.

No que se refere ao campo empírico, inferimos que a grande maioria foi desenvolvida com docentes de instituições públicas, pois apenas um trabalho de mestrado, o de Barros (2015), afirmou ter sido desenvolvido com docentes iniciantes de instituições privadas.

Em termos de origem geográfica da produção, constatamos que a maior parte das pesquisas foi realizada na região Sudeste (26); na sequência, aparece a região Centro-Oeste, com dez pesquisas sobre o tema; e, provenientes das regiões Sul e Nordeste, identificamos nove pesquisas desenvolvidas em cada uma delas. Não localizamos estudos sobre professores iniciantes desenvolvidos na região Norte do Brasil. Em relação à quantidade de participantes das pesquisas (professores em início de carreira), identificamos uma variação entre 01 e 188 sujeitos, contudo 13 trabalhos não apresentam tal informação.

A revisão da literatura possibilitou uma aproximação mais segura com a discussão sobre o professor iniciante no país. O exame da produção científica sobre o tema deste livro reforça que o processo de inserção na carreira docente se constitui como uma etapa profissional peculiar. Nessa fase, há incertezas e inseguranças geradas em relação à teoria e à prática, bem como inúmeras descobertas e diferentes identificações com a carreira que repercutem na relação do professor com o trabalho desenvolvido e seus resultados. As pesquisas analisadas revelam uma variedade de lacunas decorrentes da formação inicial do docente, que vão implicar dificuldades a serem enfrentadas no início da carreira. Como reiteram os trabalhos, a entrada na carreira geralmente é um momento de expectativas, marcada por sentimentos de insegurança, incertezas, medos, e a principal dificuldade desse período inicial diz respeito à organização da prática pedagógica. No geral, tais dificuldades e dilemas são associados às lacunas da formação inicial.

Nos enfoques metodológicos, a abordagem qualitativa é predominante nos estudos *sobre e com* o professor iniciante. Os sujeitos participantes dos estudos são professores que atuam em diferentes níveis e modalidades de educação e ensino e estão com até cinco anos de exercício na docência.

No conjunto das produções brasileiras sobre o professor iniciante, os enfoques estão mais direcionados para explicitar dificuldades e dilemas, que são enfrentados pelos ingressantes. Os estudos enfatizam ainda saberes, práticas, construção da identidade desses profissionais e analisam intervenções institucionais, que visam auxiliar ou apoiar os iniciantes. Nesse material, não localizamos pesquisas subsidiadas pela Teoria das Representações Sociais.

Reafirmamos, a partir de Doise (2002), que representações sociais são princípios geradores de tomadas de posição, e tais princípios estão simbolicamente vinculados à posição ocupada pelo sujeito no grupo. As representações sociais contribuem para definir um grupo social em sua peculiaridade e são instrumentos utilizados pelos indivíduos sociais na apreensão do meio ambiente. Além disso, desempenham papel relevante na formação das comunicações e ações sociais dos sujeitos.

Partindo do pressuposto que a profissão professor é conflituosa e a entrada na carreira potencializa os conflitos vividos pelos docentes, a presente obra — diferentemente do que constatamos na produção científica sobre professor iniciante — enfoca as representações sociais da profissão docente, que são construídas por diferentes grupos de professores da educação básica em início de carreira.

Admitimos que essa fase (pelos conflitos, dilemas e incertezas gerados) é propícia à construção de representações sociais do ser professor e que tais representações, devido ao seu caráter funcional, estariam contribuindo para a tomada de decisões dos sujeitos quanto à permanência ou ao abandono da docência.

Capítulo 4

OS ELEMENTOS CONSENSUAIS DA REPRESENTAÇÃO SOCIAL DO SER PROFESSOR

Neste capítulo caracterizamos o campo comum, os consensos e a organização da representação social da profissão docente construídos pelos professores, tendo abrangido professores vinculados a escolas das redes municipais[17] e estadual do Recife, Olinda e Jaboatão dos Guararapes-PE.

Os docentes atuam em escolas que estão localizadas em diferentes áreas da cidade. Nas escolas municipais, estão concentrados os professores iniciantes de educação infantil e anos iniciais, e, nas escolas estaduais, concentram-se quase todos os participantes, que atuam nos anos finais do ensino fundamental e ensino médio. Para ter acesso aos docentes, mantivemos contato com a equipe gestora de cada instituição, que intermediou os contatos com os participantes.

Os dados foram recolhidos por meio de um questionário na forma de um protocolo escrito, contendo perguntas fechadas para traçar um perfil do grupo pesquisado e questões abertas que abordavam: chegada do docente iniciante à escola; receptividade e apoio da equipe gestora e pares; elementos marcantes da prática em sala de aula; dificuldades encontradas no dia a dia; significado do ser professor hoje; contribuição da formação inicial para a atuação prática docente no início da carreira; razões da escolha profissional; vantagens e desvantagens de ser docente e perspectivas para com o exercício da profissão.

Os questionários foram respondidos durante o intervalo das aulas — na maioria dos casos, no espaço da sala dos professores —, e os docentes levaram em média 20 minutos para respondê-los.

Conforme anunciamos no segundo capítulo, para caracterizar o campo comum e a organização da representação social da profissão docente construídos pelos professores, transcrevemos as respostas dos questionários e fizemos agrupamentos que são categorias construídas. Tomando como referência Bardin

---

[17] Participaram de pesquisa professores iniciantes dos municípios de Recife (52), Olinda (17) e Jaboatão dos Guararapes (16).

(2004), na formação dos agrupamentos, utilizamos os critérios de exclusão mútua, homogeneidade e pertinência, propostos pela referida autora. Nesse processo, as categorias vão sendo organizadas com base no núcleo de sentido de cada questionamento. Foram três as categorias emergentes das respostas: **aspectos marcantes no ingresso na carreira; contribuição da formação para o trabalho docente; e consensos em torno do ser professor.**

4.1 Categorias emergentes das respostas dos participantes ao questionário

a. Aspectos marcantes no ingresso na carreira

Alguns professores, vinculados às escolas municipais, afirmaram que o ingresso na carreira foi tranquilo e se sentiram bem acolhidos por toda a equipe da escola. Indicaram que, naquela ocasião, estavam ao mesmo tempo apreensivos e entusiasmados, mas prontos para oferecer o melhor de si e, também, receber das instituições o suporte que desejavam para iniciar o trabalho. Responderam:

> *Fui recebida muito bem tanto pela direção e por colegas professores. [...] Não tive muitas dificuldades. E as dúvidas que eu tinha, a técnica pedagógica me orientava. Em sala também fui recebida muito bem pelos alunos. Com a comunidade também não tive problemas* (P-14 EFaf).[18]

> *Minha chegada à escola foi bem tranquila, todos me receberam e me orientaram bem sobre como tudo funcionava. Eu já possuía experiência numa escola mais precária, nessa escola eu tenho tudo muito mais opções de trabalhar melhor, fiz projetos de educação física, convênios etc.* (P-17 EFaf).

Um grupo maior de docentes, especialmente os que atuam em escolas estaduais, reconhece seu início de carreira como turbulento e repleto de dificuldades para lidar com as turmas. Referiram-se ao trabalho que tiveram que desenvolver junto a grupos instáveis, pelos quais já haviam passado vários professores. Os profissionais responderam que não foram bem acolhidos, pois não tiveram informações mínimas sobre a rotina da instituição. Além disso, a localização das escolas provocou o medo. Comentam que foram criticados por outros colegas, "cobrados" e, o tempo todo, estavam sendo observados pelos pares e pelos gestores. Afirmam:

---

[18] Codificamos os participantes utilizando a letra P seguida do número de ordem de aplicação do questionário e abreviatura da etapa/nível de atuação do docente na educação básica.

> *[...] senti um pouco de preconceito, porque a princípio quando eu comecei eu era contratada. O fato de você ser nova, não saber muito como as coisas funciona dificulta o relacionamento* (P- 40-EM).
>
> *A gestão decepcionou um pouco. Faltou orientação da parte da equipe e os colegas sempre distantes* (P-27 EFaf).
>
> *Sempre muita cobrança e pouca cooperação! Fico desestimulado com as criticas e desconfiança* (P-32 EFaf).

Todos os participantes reconheceram que o apoio da gestão e dos colegas mais experientes é um fator de extrema importância, que deve ser oferecido ao docente iniciante, a fim de que possa existir parceria, construção de projetos coletivos e troca de experiências. Para eles, o acolhimento profissional, as orientações a respeito do funcionamento da escola, a criação de um ambiente agradável de coletividade, segurança, colaboração e planejamento conjunto são fundamentais ao trabalho do professor iniciante. Eis o que respondeu um dos participantes: *"Seria muito importante que se trabalhasse em conjunto com o apoio dos colegas uns ajudando aos outros. Todos ganhariam, mas principalmente os alunos"* (P-18EFaf).

De modo unânime, o grupo de docentes iniciantes na carreira considerou como principais desafios enfrentados no início da carreira: pouca aproximação com a gestão, falta de planejamento coletivo, ausência de apoio pedagógico, inexperiência para lidar com as turmas, pouco envolvimento e apoio das famílias. E citaram outros fatores: desvalorização docente, desorganização dos sistemas de ensino, distanciamento teoria/prática, falta de material didático, excessiva quantidade de alunos na sala de aula e falta de preparo deles próprios e das escolas para lidar com crianças com deficiência. Referiram-se, ainda, e, de maneira contundente, aos problemas de violência e indisciplina vivenciados no cotidiano das escolas. A esse respeito, responderam: *"Quando a gestão apoia fica mais fácil para quem está iniciando, do contrario, tudo fica bem mais difícil. É o que sinto que falta"* (P-72 EM). *"Hoje é um grande desafio lidar com os adolescentes, a indisciplina o desinteresse e a falta de respeito são muito comuns... A escola não está preparada e nem nos professores"* (P-29EFaf).

b. Contribuição da formação para o trabalho docente

Parte dos participantes (38 respondentes) reconhece os contributos da formação para a docência. Referiram-se ao acesso à teoria como um relevante componente formativo. Segundo afirmaram, procuram integrar teoria e prática, no sentido de problematizar e construir alternativas ao desenvolvimento e à aprendizagem. Defenderam a formação inicial, mas reconheceram que existem outros saberes orientadores que dão suporte à docência. Destacam os saberes da prática como fonte de grandes aprendizagens da profissão.

> *Não desprezo o que aprendi na faculdade, mas a prática te ensina coisas que você nunca imaginou que ia aprender. Tenho aprendido muita coisa aqui na escola.* (P-13 EF ai)

> *A formação acadêmica é muito importante, sem ela eu não teria assumido uma sala de aula, mas muita coisa da minha profissão tenho aprendido depois que me tornei professor* (P-38 EFaf).

Um grupo, constituído pela maior parte dos sujeitos, é incisivo nas respostas quando nega o valor da formação para a atuação profissional. Respondem que não contribui e que a teoria está muito distante da prática. Declararam que a formação não ajudou a administrar situações em sala de aula, porém o apoio dos colegas mais experientes foi o suporte que precisavam. Para esses professores, a profissionalidade se faz quase que exclusivamente na prática.

> *Não posso elogiar minha formação porque ela deixou muito a desejar. É difícil responder sobre como ela tem me ajudado... Prefiro dizer não, pois tem sido a prática que tem me ajudado* (P- 26EFaf).

> *Minha formação ficou muito distante do que faço hoje como professor... E difícil eu me lembrar exatamente do que contribui...* (P-32 EFaf).

c. Consensos em torno do ser professor

Como já afirmamos, a abordagem societal sugere uma análise tridimensional das representações. Segundo Almeida (2009), essa abordagem considera em primeiro lugar a hipótese de que há um compartilhamento de crenças comuns entre diferentes membros de uma população sobre determinados objetos. Segundo a autora, estudar as representações nessa fase exige a identificação dos elementos da base comum e a forma como se organizam. Tal categoria nos oferece algumas pistas para a apreensão dos elementos consensuais da representação da profissão docente do grupo investigado.

No conjunto das respostas, identificamos elementos consensuais relacionados ao bem-estar e mal-estar docente. Entendemos como bem-estar docente os aspectos que motivam os professores a ter persistência e a encontrar satisfação na profissão. Em contrapartida, o mal-estar docente diz respeito aos aspectos negativos, que desanimam e desencantam o docente para com sua profissão.

Do conjunto geral de participantes, 52 deles afirmaram que ser professor é construir/mediar conhecimentos, atuar no processo de aprendizagem, contribuir para tornar os cidadãos mais críticos e autônomos, além de conduzir à realização de sonhos. Referem-se, ainda, ao ser professor como uma profissão que exige estudo constante.

Os professores de educação infantil foram os que apresentaram representações sociais mais otimistas em relação à profissão. Admitiram o desejo de permanecer exercendo a docência, contudo alimentam a expectativa de maior valorização da profissão. Nesse mesmo grupo, alguns professores indicaram como positiva a permanência na educação infantil e, também, revelaram uma forte recusa à possibilidade de se tornarem professoras do ensino fundamental, pois afirmaram que a docência nesse segmento poderá provocará cansaço, fadiga e até a loucura.

Identificamos como consensual entre uma considerável parte do grupo (em torno de 67 docentes) a possibilidade de contribuir para o desenvolvimento das crianças e adolescentes e, também, o reconhecimento do trabalho pelos alunos. Segundo responderam, nem o dinheiro é capaz de pagar essa sensação de bem-estar. Um delas destacou: *"[...] a possibilidade de contribuir para o aprendizado das crianças, a felicidade ao ver os avanços"* (P. 13-EI).

Quando questionados a respeito do seu futuro profissional, alguns poucos professores (em número de 16) consideraram que estarão mais experientes, terão melhor domínio da sala e conseguirão planejar e lidar melhor com situações de conflito. Indicaram como perspectiva o desejo de se manter atualizados, ampliar a formação, fazer mestrado e buscar novas estratégias de ensino e ser melhor do que é hoje.

Para quase todos (mais de 60 docentes), ser professor é um desafio, pois precisam administrar relações conflituosas com a gestão, sistema escolar e famílias, além de lutar pela garantia de direitos e valorização da carreira. Enfatizaram a falta de materiais e as más condições de trabalho e a estrutura física inadequada. Além disso, citaram aspectos relacionais, tais como: companheirismo entre os professores, gestão ausente, falta de cooperação das famílias, indisciplina e violência em sala de aula. Tais obstáculos estão presentes em quase todas as respostas e concorrem para estejam compartilhando representações negativas da profissão.

Especialmente entre os docentes dos anos finais do ensino fundamental, há um consenso representacional do ser professor centrado na luta diária, estressante, algo desafiador, sobrecarga, falta de interesse dos alunos e ausência da família no contexto escolar. Os desafios e lutas foram relacionados às dificuldades para lidar com adolescentes que, constantemente, os põem a teste, além de uma referência frequente ao estresse causado pelo trabalho docente. Como os investigados são em maior número mulheres, são elas as que mais destacam o estresse do trabalho docente. Os trechos a seguir ilustram essa realidade.

> É um grande desafio. Porque dentro do contexto de falta de interesse dos alunos, é trabalhar sem reconhecimento, sendo marginalizado pelos professores antigos e pelos alunos (P-62 EFaf).

> *Salas de aula muito lotadas, que chegam até a assustar nós principiantes, falta de educação doméstica dos estudantes, falta de empenho dos alunos que acaba desmotivando o docente* (P-15 EFai).

O desinteresse por permanecer na docência, também, constituiu um consenso. Um número significativo de docentes respondeu ter como horizonte ser professor de educação superior ou assumir funções gestoras. Alguns poucos, em torno de nove, acreditam que vão permanecer felizes, mesmo reconhecendo que estarão cansados, seja pela rotina intensa de trabalho ou pelo contínuo enfrentamento dos obstáculos comuns ao espaço escolar. Esses docentes acreditam que poderão estar satisfeitos com a aprendizagem alcançada pelos alunos.

A maioria dos docentes iniciantes (mais de 50) sinalizou que não pretende continuar exercendo a docência e afirma como quase certa a probabilidade de adquirir problemas na voz, cansaço, problemas psicológicos, estresse e frustrações. Algumas respostas chocaram pelo aparente mal-estar que sinalizaram:

> *Estarei acabada. Provavelmente com problema na voz. Já comecei a fazer trabalho com o fonoaudiólogo* (P-21 EFaf).

> *Vou estar cansada e talvez sem paciência, porque isso é o que vejo nos professores mais velhos* (P-27EFaf).

> *Acredito que não vou passar tanto tempo. Daqui a 20 anos, se não houver alternativa, estarei doente física e emocionalmente, envelhecida e sem dinheiro nenhum para custear tratamentos que amenizem os efeitos da profissão* (P64-EM).

Podemos afirmar que o consenso em torno condição de iniciante na carreira se relaciona com o que está posto na literatura, ou seja, os dilemas e desafios vivenciados por esses profissionais. Corroboram o já evidenciado por Nono e Mizukami (2006), Lima *et al.* (2006) e Papi e Martins (2009) Zanella (2011), Mariano (2012), Rocha (2014), Giordan (2014), entre outros. Esses teóricos explicitam as dificuldades enfrentadas pelos profissionais nos primeiros anos de docência e as alternativas que encontram para lidar com elas.

As respostas dos professores sinalizam para uma representação social da profissão docente associada a fatores negativos. Os diferentes elementos de precarização do trabalho docente são propícios à sua debilitação e ao pessimismo. Na literatura, tal cenário constitui o mal-estar docente. Esteve (1999) designa como mal-estar docente o desconforto e as dificuldades que os professores vivenciam no campo de atuação profissional. Fatores como baixo prestígio social da profissão, má remuneração, exigências constantes, indisciplina, violência escolar são desencadeantes do problema. Os resultados parciais do presente estudo indicam que esse mal-estar permeia o universo consensual dos professores iniciantes quando se referem à profissão.

Doise (2002) afirma que as representações sociais são tomadas de posições simbólicas, organizadas de maneiras diferentes, pois cada conjunto de relações sociais organiza as tomadas de posições simbólicas, conforme a inserção do sujeito nessas relações.

É possível admitir que o contexto de precarização do trabalho afeta o professor e está concorrendo para que o consenso representacional da profissão esteja articulado ao pessimismo, à indisposição e à sensação de mal-estar. Situações que trazem satisfação e desejo de permanecer na docência foram pontuais e discretas nas respostas dos professores que estão no início da carreira.

Detectamos que o contexto de precarização do trabalho afeta o exercício da docência e está concorrendo para que o consenso representacional da profissão esteja articulado ao pessimismo, à indisposição e ao sentimento de mal-estar. No próximo capítulo, exploraremos melhor tais representações, por meio de entrevistas com os diferentes grupos de professores.

Capítulo 5

REPRESENTAÇÕES SOCIAIS DO SER PROFESSOR: CONSENSOS E VARIAÇÕES ENTRE PROFESSORES INICIANTES NA EDUCAÇÃO BÁSICA

Apresentamos neste capítulo as possíveis variações nas representações da docência que são elaboradas pelos diferentes grupos de professores de educação básica em início de carreira que desenvolvem suas práticas em instituições públicas. A seguir, descrevemos os consensos e variações das Representações Sociais do ser professor com diferentes grupos de professores.

5.1 Consensos e variações das Representações Sociais do ser professor entre professores iniciantes na educação infantil

Os resultados indicam que os docentes de educação infantil entrevistados representam a profissão docente, enfatizando aspectos de ordem negativa, como uma profissão para quem não teve outras escolhas, ou seja, uma profissão desvalorizada. Também é compartilhada pelo grupo uma representação do professor como responsável pela melhoria da sociedade e que contribui para a formação do cidadão. As variações dessas representações estão ligadas a alguns dos professores que representam a profissão mais positivamente, e aos professores mestrandos, que têm o saber acadêmico como o suporte para o desenvolvimento de suas práticas.

A maior parte dos entrevistados deseja continuar trabalhando como professor de educação infantil, e as professoras que cursam mestrado almejam se tornar docentes de educação superior. Do grupo de 11 entrevistados, apenas um professor é do sexo masculino. Todos eles são graduados em Pedagogia; dentre esses, dois concluíram o Curso de Pedagogia como segunda graduação. Cinco professores possuem pós-graduação, dois estão em fase de finalização desse curso. A pós-graduação (no nível de especialização) do grupo foi realizada em diferentes áreas, tais como: Psicopedagogia,

Educação Infantil, Literatura Infantil e Educação Especial e três docentes cursam mestrado. Dos participantes, seis professores trabalham em CMEIs e cinco em escolas municipais.

O grupo tem uma média de idade de 27 anos. Dos 11 docentes desse grupo, seis estão com dois anos de profissão, três estão com três, e dois com cinco anos de atuação na docência. Os professores exercem a docência em turmas de berçário e outras turmas de educação infantil. Sobre o contexto familiar dos participantes, três afirmam que são os únicos da família a terem um curso de graduação; três relatam que são de família de professores; três falam que seus pais não terminaram os estudos; e dois afirmam ter pais formados em outras áreas.

5.1.1 Processamento do material (entrevistas com os docentes iniciantes de educação infantil) no software Alceste

Os depoimentos recolhidos com as entrevistas foram analisados com auxílio do software Análise Lexical Contextual (Alceste).

Obedecendo às regras para um processamento bem-sucedido pelo software Alceste, fizemos a preparação do corpus (entrevistas transcritas) seguindo as orientações do programa. Após essa preparação, cada entrevista denominada de unidade de contexto inicial (UCI) foi codificada com a finalidade de identificar o que foi dito na entrevista por cada participante. Assim foram compostas as "linhas estreladas", que são linhas indicativas de cada UCI. Como exemplo da codificação de cada uma das UCI, apresentamos **** *suj_01 *sex_01 *ida_27 *serv_02 *sala_02 *form_02 *cmei[19]. Esse procedimento foi repetido com todas as entrevistas realizadas com os demais grupos de sujeitos investigados.

Após todas as UCIs estarem prontas, o corpus, composto ao todo por quase 117.779 caracteres, foi posto em análise pelo software, que, após processar os dados, dividiu seus resultados em cinco classes lexicais. O dendrograma a seguir (Figura 1) apresenta o resultado do processamento das entrevistas, que está distribuído em cinco classes, cada uma delas com palavras comuns e sua respectiva frequência.

---

[19] A codificação indica o número de protocolo do sujeito (sujeito 01), seguido de: sexo (sendo 01 para feminino e 02 masculino), a idade do participante, tempo de serviço, turma que leciona, podendo ser grupo 00 – berçário, grupo 01 – grupo I, grupo 02 – grupo II etc. A formação acadêmica é distribuída da seguinte foram: 01 (sujeito com graduação- pedagogia + terminando a pós-graduação); 02 (sujeito com graduação - pedagogia e pós-graduação), grupo 03 (sujeito com graduação - pedagogia e mestrado) e 04 (sujeito com graduação em letras, cursando pedagogia). Por último a instituição que leciona: *cmei - sujeito que ensina em centros de educação infantil e *em (sujeito com que ensina em escola municipal).

Figura 1 – Dendrograma referente à Classificação Hierárquica Descendente (CHD) do corpus: entrevistas com docentes iniciantes de educação infantil

```
                        CLASSIFICAÇÃO
```

Classe 4 (13%) "Aspirações e Expectativas Futuras"		Classe 5 (9%) "Representações sobre a Profissão Docente"		Classe 1 (37%) "Relação Alunos e Comunidade Escolar"		Classe 2 (17%) "Formação Inicial/ Trajetória de Vida"		Classe 3 (24%) "Experiências Iniciais na Docência"	
Palavras	f	Palavras	f	Palavras	f	Palavras	f	Palavras	f
Pretendo	12	Escolh+	10	Pais	33	Fiz	31	Adi	7
Continu+	20	Valor+	6	Própria	14	Curs+	19	Turma	17
Fazendo	13	Social	9	Quest+	23	Pedagog+	23	Recife	17
Cultur+	5	Professor	111	Aluno	32	Vestibular	16	Ano	29
Educação	45	Grupo	8	Gente	71	Graduação	14	Escol+	58
Mestrado	7	Profiss+	20	Famíli+	30	Termin+	15	Efetiv+	6
Sair	5	Identif+	12	Exist+	11	Estagi+	13	Olinda	6
Ed_Infantil	28	Financi+	4	Criança	52	Estud+	18	Igarassu	6
Tenh+	32	Import+	11	Relac+	24	Reforço	3	Estagi+	8
Gost+	27	Papel	5	Prática	19	Concurso	15	Apoio	17

Fonte: dados da pesquisa

Classe 1 – Relação Alunos e Comunidade Escolar

A primeira classe foi denominada de *Relação Alunos e Comunidade Escolar*, que corresponde à maior parte do corpus analisado (37%) e organiza os depoimentos dos entrevistados, relativos aos seguintes aspectos: sua interação com os pais dos alunos, atividades desenvolvidas em sala de aula, quantidade de alunos por turma, não reconhecimento da participação da família e comunidade no trabalho escolar.

Os depoimentos dos sujeitos que influenciaram a formação da classe correspondem às falas de professores que têm entre dois e três anos docência, com idade entre 26 e 27 anos. Os sujeitos manifestaram-se afirmando que possuem uma relação tranquila com alunos, pais e todos na escola, contudo eles se queixam de alguns pais ausentes, o que acarreta em transferência de responsabilidades para os docentes. Afirmou um dos participantes:

> Então, a gente tem um certo equilíbrio e uma relação profissional tranquila, agora a relação com os pais... Mas ao mesmo tempo ela é tensa, tanto pela questão da comunidade que é complicada como já apontei, quanto pela própria transferência de responsabilidades (PEI-05)[20].

---

[20] Codificamos os participantes utilizando a letra P (abreviatura de professor) seguida de EI ou EF (abreviaturas de Ensino Fundamental ou Educação Infantil) e o número do protocolo de entrevista.

Os docentes relatam que, como são crianças pequenas, a própria comunidade não percebe a importância de se fazer presente e mostram estratégias utilizadas para se aproximar e ressaltar a necessidade da participação nesse processo. Eis alguns trechos do que foi dito:

> Eu me dou bem com todo mundo, inclusive meu horário é de sete e meia, mas eu só chego às sete que é o momento que os pais tão entrando com as crianças, tenho a oportunidade de conversar com eles (PEI-1).

> [...] a gente tem mais dificuldade com os pais daquelas crianças que precisam de mais apoio porque quanto mais apoio precisam mais os pais se colocam ausentes. Eles não querem escutar que existe essa dificuldade e que nós precisamos do apoio dele direto, mas aí a gente vai driblando, de modo que as atividades em sala impactem a vivencia na sociedade (PEI-2).

Os professores comentam a relação que mantêm com os seus pares, o apoio que recebem nesse período de início da docência, e afirmam que nem sempre possuem uma boa relação com todos da escola, pois há casos em que não se sentem bem acolhidos e orientados pelos mais antigos, portanto sentem-se isolados e sem suporte para se adaptarem à rotina e processos burocráticos das instituições.

Podemos dizer que uma das principais inquietações vivenciadas pelo docente iniciante é a adaptação ao contexto institucional, que, na maioria das vezes, é desconhecido. A esse respeito, Souza *et al.* (2016) destacam que esse aprendizado inclui desde a adequação aos paradigmas educacionais vigentes, rompimento com alguns modelos e valores de ensino até a construção do sentimento de pertença ao meio social. Segundo Tardif (2002), o saber dos professores é um saber social que é partilhado por todo um grupo de professores e está associado a um processo sempre em construção, que resulta de uma negociação entre diversos grupos e os objetos desse saber (alunos), que são sujeitos sociais.

Ilha e Hypolito (2014) destacam que parte da aprendizagem da profissão docente só ocorre no exercício profissional. Tal aprendizado se efetiva quando se articula o conhecimento acadêmico com o contexto escolar. Os docentes iniciantes não encontraram espaços para a realização do trabalho coletivo, por conseguinte cada um busca sua formação de modo isolado. Dessa forma, as professoras são levadas a assumir individualmente esse processo. Analisando o início da docência na educação superior, Souza *et al.* (2016) afirmam que a aprendizagem da docência é favorecida nas unidades universitárias, em decorrência das experiências anteriores à docência no ensino superior, via compartilhamento de experiências com professores mais experientes, e, nas ocasiões atuais, são dinamizadas nas relações com os estudantes e colegas de trabalho.

Classe 2 – Formação Inicial/Trajetória de Vida

A segunda classe, chamada de *Formação Inicial/Trajetória de Vida*, corresponde a 17% do corpus e organiza os depoimentos dos entrevistados sobre a escolha da profissão e percurso na formação inicial.

A classe conta com maior prevalência de depoimentos de cinco entrevistados (01,02, 04, 08 e 11). São trechos que relatam suas trajetórias até o ingresso na docência. Lembram que, na adolescência, davam aulas de reforço. Eles falam da sua escolha pela docência. Conforme as entrevistas, alguns dos sujeitos tentaram outros cursos antes de ingressarem na graduação em Pedagogia, mas não obtiveram sucesso; outros já trabalhavam na área educacional[21] e sentiram a necessidade de buscar um suporte teórico para exercerem suas atividades. Alguns desses professores comentam que são os primeiros em sua família a ter acesso a um curso de graduação (3) e que seus pais não possuem o ensino médio completo (6), e, por essa razão, sentem-se orgulhosos por sua conquista. Dentre os 11 professores entrevistados, seis deles não tiveram a docência como primeira opção de carreira, ou seja, eles aderiram à docência em um segundo momento de suas vidas. Mury (2011) usa o termo "aderência" para se referir a um campo de escolhas possíveis, no qual o magistério se mostrou viável para a inserção no mercado de trabalho.

> *Eu fui trabalhar coordenando um projeto na área de educação e ai comecei a sentir uma falta de um suporte pra até mesmo dar certeza nas práticas que eu exercia e fiz vestibular novamente para pedagogia* (PEI-11).
>
> *Então eu entrei na área de ensino, mas nunca foi uma coisa muito estudada, querida, eu queria essa área, né?!* (PEI-2).

Detectamos que, não sendo uma opção a priori, o magistério mostrou-se uma escolha a posteriori, aqui compreendida como um processo de aderência vivido, como diz Mury (2011), durante a formação e exercício da profissão.

---

[21] Eram auxiliares de desenvolvimento infantil (ADI) ou professor de Português, no caso dos dois formados em Letras.

Os professores entrevistados citam a experiência de estágio curricular como relevante para permanecerem ou não na profissão e falam dessa experiência como uma aprendizagem essencial para conhecer a rotina docente e aprender. Destacam a dicotomia entre teoria e prática no curso de formação, contudo ressaltam que a formação acadêmica favoreceu a aprovação em concurso.

> *A parte de conhecimento pedagógico você sai perfeito e quando você vai fazer um concurso você já está bem preparado, eu fiz a prova e me senti bem preparada pra explicar, mas a sala de aula realmente tem esse ponto negativo. É na pratica mesmo que se aprende a lidar* (PEI-8).

> *Até porque na época de faculdade os estágios eram mais de observação, de projetos, explicação... Minha atuação mesmo começou depois que terminei a faculdade, eu não tinha tanta experiência até para coisas assim detalhadas que na faculdade você não aprende como "bom dia, coleguinha", abertura de aula, lidar com certas birras, então a gente aprende vivenciando* (PEI-1).

> *Os cursos te dão o pontapé, mas eles não mostram o que realmente a prática precisa, os teóricos tão ai eles balizam é... Teorias, pensamentos, mas muitas vezes desconexos do que você faz na sala de aula* (PEI-2).

> *Foi de fundamental importância pra gente saber onde estava pisando e o que era. Na verdade, no estágio eu achava que a realidade da escola era muito mais difícil do que eu acho hoje. Hoje eu acho que é muito mais fácil ser professora efetiva* (PEI-7).

Para os professores iniciantes de educação infantil entrevistados, são os saberes experienciais que não provêm das instituições e de seus currículos os mais atualizados e necessários no âmbito da prática da profissão docente. Conforme Tardif (2002), no princípio da carreira, os professores acumulam uma experiência fundamental, que tende a se transformar, posteriormente, em *habitus* profissional, momento no qual questionam o ensino acadêmico a que foram submetidos. Estudos com docentes iniciantes no ensino superior, como o de Souza *et al.* (2016), mostram que esses professores se queixam dos conhecimentos pedagógicos e teóricos advindos da formação inicial, considerados como insuficientes ou muito afastados da realidade escolar.

Conforme o conteúdo da classe 2, os professores iniciantes de educação infantil reconhecem o aprendizado adquirido na formação inicial com forte carga teórica. Tal afirmação corrobora Giovanni e Marin (2014). Para esses teóricos, os professores iniciantes chegam aos locais de trabalho tendo muito que aprender em relação aos seguintes aspectos: entorno da escola, regras, normas, horários, com quem obter informações, quais turmas assumir, alunos e suas diferenças e quais condutas adotar. Apesar de relevantes para o exercício da profissão, vários desses aspectos não são abordados na formação inicial, que não tem conseguido articular, de maneira suficiente, os componentes de trajetória de vida e escolarização com elementos da cultura escolar.

Os docentes afirmaram que a profissão requer estudo e aperfeiçoamento constantes, que lhes possibilitem aprender a lidar com as adversidades e inovar em sala de aula. Como já dissemos, quase todos os entrevistados tinham concluído pós-graduação, ou estavam cursando, e citaram a relevância de tais estudos, que estão aliados à prática e à vivência nas escolas. Mostram-se motivados e interessados em persistir estudando e desejam participar de eventos formativos, que sejam direcionados à educação infantil. Comentam:

> Então é difícil mediar os conhecimentos da graduação, da pós-graduação, se não for uma formação pautada na realidade construída a partir do dia a dia, não tem como, se não há conexão, se perde, não tem sentido (PEI-02).

> [...] Essa de arte educação na educação infantil fiquei doidinha, foi maravilhoso, dizia eita! Vou fazer isso na minha sala! Fazia, filmava e mostrava aos professores, eles ficavam doidinhos! Fiz uma bandinha de música, ai teve a de artes visuais, com tinta. Estimula né! Você fica mais motivada. Muito interessante o trabalho com arte na educação infantil. Eu me empolgo toda (PEI-04).

Entendemos que os processos formativos devem considerar mudanças na relação entre educação e sociedade e, também, refletir o papel desempenhado pela escola na atualidade. De acordo com Ilha e Hypolito (2014), os professores buscam diferentes alternativas para enfrentar as dificuldades e procuram rememorar os estudos de sua formação inicial, e investem nos processos formativos — por exemplo, em espaços formais e informais que possam lhes auxiliar em seus trabalhos profissionais.

Classe 3 – Experiências iniciais na docência

A terceira classe, *Experiências Iniciais na Docência,* corresponde a 24% do corpus analisado e organiza os depoimentos relacionados à entrada na carreira, os sentimentos e pontos marcantes dessa fase inicial.

A classe 3 concentra, também, alguns depoimentos dos professores que cursam mestrado. Eles relatam o apoio da universidade e que orientam suas práticas iniciais a partir de pesquisas e estudos, aos quais tiveram acesso na academia. Um deles afirma: *"Então, o apoio que eu tive foi mais na universidade. Eu me senti bem acolhida porque voltei como professora para a mesma unidade onde tinha sido ADI* (PEI-05)".

Sobre os sentimentos que marcam o ingresso na docência, uns relatam que se sentiram importantes por serem responsáveis pela aprendizagem de um grupo e outros sentiram desespero. Alguns relatam que foram colocadas em turmas difíceis, em locais de difícil acesso e tiveram problemas com os alunos e com a comunidade. Afirmam:

> *Ela formou uma turma com vários problemas e me deu. Foi uma experiência muito difícil* (PEI-11).
>
> *Foi um pouco difícil porque era uma comunidade muito complicada, que criava muito problema com a escola e professores, crianças com muitos problemas* (PEI-07).

Lima (2004) afirma que a fase inicial de ingresso na carreira, marcada pela passagem do ser estudante para o ser professor, se faz por meio da realização de atividades de estágio e prática de ensino. Outros estudos sobre a inserção profissional docente, como os de Conti (2003), Donato e Ens (2009) e Nono (2011), demonstram situações de sofrimento e mal-estar, ocorridas pelo esforço de transformação para a adaptação ao trabalho entre os professores. O esforço afetivo, emocional e cognitivo empregado não tem retorno visível e imediato para os docentes. Giovanni e Marin (2014) propõem a oferta de programas de iniciação para professores principiantes como estratégia adequada para minimizar os problemas por eles enfrentados.

Classe 4 – Aspirações e expectativas futuras

A quarta classe, *Aspirações e Expectativas Futuras,* corresponde a 14% do corpus analisado e organiza depoimentos relacionados ao futuro e perspectivas dos professores iniciantes de educação infantil para com a profissão. As palavras que compõem essa classe estão relacionadas aos desejos futuros e à decisão de permanecer ou não na docência. Por isso, o destaque para as palavras *continuar* e *sair.*

Conforme os dados agrupados nessa classe, os professores assumem que desejam continuar na área da Educação (a maioria deseja permanecer como docente de educação infantil), contudo há sujeitos que pensam em atuar no ensino superior, assumir outra função na área como a de coordenação, e apenas um professor pretende mudar de área. Afirmam:

> *Tenho muita vontade de assumir uma coordenação pedagógica* (PEI-06).
>
> *Eu me realizo na educação infantil e mesmo que paguem mal, que não seja um trabalho reconhecido, mesmo com os problemas que tem, mas eu quero continuar professora educação infantil* (PEI-01).
>
> *Tenho algumas conexões da área da cultura, museu... São alguns planos futuros que penso* (PEI-11).

Sobre as perspectivas futuras relativas à profissão docente, os entrevistados têm baixa expectativa devido à desvalorização, fazem referências aos acontecimentos negativos que têm ocorrido aqui, no Brasil, na área educacional, e, sobretudo, não enxergam um futuro positivo perante o quadro da sociedade atual. Comentam:

> *Quero que melhore, mas fazendo uma leitura do cenário atual, eu não vejo grandes melhorias. O governo de São Paulo está querendo fechar não sei quantas escolas e o processo de resistência lá, talvez sejam essas atitudes de luta que impulsione uma valorização da educação. Mas não tenho muita esperança não!* (PEI-07).
>
> *Não sei como será esse futuro do professor, se você fala aqui no Brasil onde a profissão é muito desvalorizada... Em outros países já não é assim* (PEI-06).

Os dados agrupados nessa classe corroboram Gatti e Barretto (2009), quando afirmam que apenas para uma pequena parte do professorado o salário é um complemento à renda familiar, pois, para a maioria, o salário é destinado à manutenção da família, que dele depende em escala cada vez maior. Na mesma direção, Giovanni e Marin (2014) consideram que a docência parece eternizar as mesmas dificuldades, independentemente de âmbitos escolares ou componentes curriculares. Segundo as autoras, as condições materiais e estruturais limitam o exercício da profissão docente, engessando práticas e "roubando", no dia a dia, a motivação dos professores, assim como o reconhecimento social.

Classe 5 – Representações sobre a profissão docente

A quinta e última classe, denominada *Representações sobre a profissão docente*, corresponde a 9% do corpus analisado e organiza os depoimentos relacionados ao ser professor. Na classe 5, estão localizados termos referentes à profissão, que dialogam com dados das classes anteriores, por exemplo resultados da classe 4. Essa classe nos dá mais elementos para a apreensão da representação da profissão docente. Os entrevistados, embora satisfeitos com a docência, relacionam o ser professor à desvalorização. Eis o que afirmam alguns dos docentes entrevistados:

> *Você tão nova escolhe ser professora! Você não combina com o ser professora.. Então já escutei muito isso e venho escutando, mas as pessoas acabam desmitificando porque vem que eu me identifico com a profissão, que eu gosto do que faço* (PEI-09).
>
> *A minha esperança é que um dia as pessoas digam: "nossa! Que maravilha você escolheu ser professor". Ao invés de falarem "poxa que profissão horrível tu escolheu!* (PEI-05).
>
> *Então, a gente não tem essa valorização, tanto que é uma das funções mais mal pagas* (PEI-01).
>
> *Muito eu já ouvi de crítica, porque as pessoas achavam que eu tinha potencial para ser outra coisa que não fosse professor* (PEI-05).

Segundo Giovanni e Marin (2014), aqueles que pretendem exercer a docência enfrentam mensagens desestimuladoras, preconceituosas e de desprestígio em relação à profissão docente. Tais mensagens circulam sutil ou explicitamente no interior dos cursos, veiculadas, inclusive, pelos próprios formadores.

De maneira menos intensa, os sujeitos associam o ser professor a uma profissão de responsabilidade social, como uma profissão que influencia e modifica a vida do outro, e, também, está aliada ao estudo e à pesquisa. Afirmam:

> *Ser professor não é apenas no sentido do conteúdo, mas uma responsabilidade social que expande o valor da profissão* (PEI-05).
>
> *Ser professor é você justamente dar sentido a vida de alguém* (PEI-04).
>
> *No momento que eu pesquiso, que eu observo a prática, que eu estudo eu me vejo também no papel de professora* (PEI-09).
>
> *Professor pra mim é poder participar ativamente da construção do cidadão* (PEI-08).

Conforme demonstraram esses professores, os alunos e as suas aprendizagens trazem esperanças para a educação e motivação para continuar no exercício da docência.

5.1.2 Elementos de variação nas representações sociais do ser professor de educação infantil

O conteúdo das representações depende das relações entre os grupos, mantendo, ao mesmo tempo, a especificidade e a identidade desses grupos. Por meio das relações grupais, referentes aos quatro níveis de análise investigados por Doise e colaboradores, na década de 1970, conseguimos identificar o que era consensual nas representações dos professores iniciantes e o que era variação. Já tratamos sobre o consensual e, neste tópico, tratamos das variações nas representações dos docentes investigados.

Detectamos que os professores com idade de 39 anos ou mais, com 5 anos de profissão e que não tiveram a docência como primeira opção são os que possuem representações mais positivas da docência. Eles se reconhecem na sua prática, no seu trabalho. Afirma um deles: *"Sendo professor você vai conseguir dar um sentido na vida de alguém, entendeu como é?"* (PEI-04).

Os professores mais jovens buscam suporte e apoio para suas práticas na formação recebida na universidade. Eles são os estudantes de mestrado, tendem a valorizar mais as aprendizagens acadêmicas, especialmente, a pesquisa, pois consideram que esse saber orienta a prática. Afirmam:

> *As formações contribuem positivamente, mas justamente porque tendo um processo de reflexão entre a teoria e a prática. Para mim, essa questão é constantemente resinificada pelo que eu vivencio, pela minha relação com a pesquisa* (PEI-05).

> *As discussões que eu tenho no grupo de pesquisa movimentam minha prática, a gente tá vendo várias coisas do uso de recurso de didático ai vou vendo... Pôxa não tô fazendo isso. No momento que eu pesquiso, que eu observo a prática eu me vejo também no papel de professora também que tô atuando e tem coisas que eu não consigo fazer* (PEI-09).

Os professores, alunos de mestrado, complementam que sua relação com a pesquisa facilita a prática em sala de aula. Afirma uma das entrevistadas:

> *As discussões que eu tenho no grupo de pesquisa movimentam minha prática, a gente tá vendo várias coisas do uso de recuso de didático ai vou vendo poxa não estou fazendo isso. No momento*

que eu pesquiso, que eu observo a prática eu me vejo também no papel de professora também que to atuando e tem coisas que eu não consigo fazer (PEI-9).

Os demais professores iniciantes investigados afirmam buscar orientações para as práticas em sites da internet, pesquisam sobre planos de aula, atividades, brincadeiras e fazem as devidas adaptações às suas turmas de educação infantil. Eis uma variação identificada no intergrupo.

Quanto às expectativas de permanência na profissão, a maioria dos docentes se mostra satisfeita por atuar em educação infantil e deseja permanecer trabalhando com esse grupo. Percebemos que os docentes que não desejam continuar são os alunos de mestrado, que almejam lecionar no ensino superior. Constatamos que os professores que cursaram Letras, anteriormente à Pedagogia, pensaram em desistir da profissão docente, por não se identificarem com o trabalho e com as crianças pequenas. No entanto se adaptaram e recuperaram o gosto pela docência.

Em síntese, detectamos que os professores iniciantes de educação infantil representam a profissão docente indicando aspectos de ordem negativa e como uma profissão desvalorizada. Também é compartilhada pelo grupo uma representação do professor como responsável pela melhoria da sociedade e que contribui para a formação do cidadão.

Reconhecemos que apesar das dificuldades, o professor iniciante da educação infantil pretende continuar na docência e se considera satisfeito atuando profissionalmente com crianças pequenas, pois consegue administrar com facilidade casos de indisciplina, o que não ocorre com aqueles professores que atuam com crianças maiores e adolescentes.

Os resultados da produção científica que enfoca o professor iniciante são reafirmados e aprofundados nas nossas constatações, pois os primeiros anos da docência se caracterizam por sua relevância para a aprendizagem profissional e, consequentemente, para a construção do alicerce que envolve esse campo do ensino. Nesse grupo, há um consenso em relação aos desafios enfrentados no princípio da carreira, tais como: trabalho individualizado, falta de cooperação dos colegas, inexperiência para lidar com as turmas, precarização das escolas e desvalorização do docente.

Os elementos consensuais da representação social do ser professor dos docentes iniciantes na educação infantil foram predominantemente elementos de ordem objetiva, relacionados ao dia a dia da profissão e à sua função social. Nas entrevistas, sobressaíram-se as relações de cooperação ou não com os pares e famílias, além de luta pela garantia dos direitos e valorização da carreira. Além desses elementos, foram comuns referências aos saberes experienciais da profissão, ao professor como o responsável pelo desenvolvimento da criança. Os professores demonstraram satisfação em perceber que, na educação infantil, o trabalho é mediado por brincadeiras, jogos e interações com crianças.

As variações estão ligadas a um pequeno grupo de professores com quase 40 anos de idade que representam a profissão mais positivamente e aos professores mestrandos, que têm o saber acadêmico como o suporte para o desenvolvimento de suas práticas. Esses achados são relevantes para a formação de professores e suscitam reflexões acerca da implementação de políticas públicas que venham a oferecer um maior apoio a esses profissionais que estão iniciando a carreira e atuam em instituições de educação infantil.

5.2 Consensos e variações das representações sociais do ser professor entre professores iniciantes do ensino fundamental

Nesta seção, abordamos as representações sociais (consensos e variações) da profissão docente entre professores iniciantes em atuação no ensino fundamental. Ao todo foram 44 professores iniciantes do ensino fundamental com até cinco anos no exercício da profissão[22]. São 36 professoras e oito professores.

O tempo de carreira dos docentes participantes está assim distribuído: sete estão com até um ano de exercício profissional; 15 com até dois anos; 12 com até três anos; cinco com até quatro anos; e cinco com até cinco anos de experiência docente. Do grupo participante, 31 atuavam nos anos finais do ensino fundamental; 13 eram professores dos anos iniciais.

Assim como foi feito com os docentes de educação infantil, os dados recolhidos junto a esse grupo por meio de entrevistas foram transcritos, editados e analisados com auxílio do software Análise Lexical Contextual (Alceste). Seguimos os mesmos procedimentos utilizados com o grupo anterior para o processamento das entrevistas com esse grupo de professores de ensino fundamental.

Como resultado do processamento do software, obtivemos um total de 864 Unidades de Contexto Elementares (UCEs) distribuídas em cinco classes. As classes resultantes dessas entrevistas têm sua origem em dois

---

[22] Utilizamos o critério: estar até cinco anos na docência que, seguindo a orientação de Garcia (1999), pode ser considerado iniciante na profissão.

eixos principais: o primeiro diz respeito à sistematização dos conteúdos dos depoimentos referentes ao ser professor e que envolvem informações sobre escolha e perspectivas profissionais. O material discursivo está organizado na primeira e segunda classe. O trabalho docente no início da carreira constitui o segundo eixo discursivo e está apresentado nas classes 3, 4 e 5.

No dendrograma a seguir (Figura 2), apresentamos as cinco classes que estão articuladas e sintetizam os conteúdos que demarcam as representações sociais (consensos e variações) do ser professor para docentes iniciantes do ensino fundamental.

Figura 2 – Dendrograma referente à Classificação Hierárquica Descendente (CHD) do corpus: entrevistas com docentes iniciantes de ensino fundamental

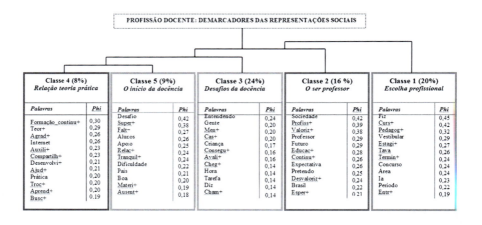

Fonte: dados da pesquisa

Classe 1 – Escolha profissional

A classe 1, denominada *Escolha profissional*, organiza 20% das UCEs e representa o segundo contexto temático mais significativo dos dados apurados pelo programa, e agrega os depoimentos relacionados à escolha e ingresso em curso de formação de professores. Em primeiro lugar, os sujeitos fazem menção à influência de familiares para a escolha profissional; destacam ainda o gosto por trabalhar com crianças e pelo conteúdo específico que lecionam. Além disso, referem-se à importância desempenhada por professores que os acompanharam durante a trajetória escolar. Alguns relembram a tentativa de ingresso em outros cursos, mas que não obtiveram sucesso ou que atuavam em outros campos afins e sentiram a necessidade de um suporte para assumir a função de professor. Afirmam:

> *Minha razão foi totalmente familiar, pois minha mãe é educadora e sempre nos incentivou a seguir a profissão [...] Sou de uma família de quatro irmãos e três deles possuem um curso de licenciatura de áreas diferentes* (PEF-15).
>
> *Tenho tias que são professoras, e lembro que sempre admirei a profissão... Quando criança sempre brincava de escolinha* (PEF-12).
>
> *Eu sempre gostei muito de crianças, eu ia fazer pediatria, só que eu tinha uma deficiência na questão de Química, Física, então [...] eu pensei em outra profissão que poderia atuar com crianças... Então eu escolhi Pedagogia* (PEI-2).
>
> *[...] Minhas irmãs são professoras e eu vivenciava muito o trabalho delas [...] Então resolvi ser professora* (PEF-14).
>
> *Fiz História porque gostava da matéria, mas sem pensar muito no trabalho de professora. Aos poucos fui gostando e me interessando. O ambiente escolar é algo que me atrai bastante, me sinto bem* (PEF-13).
>
> *[...] antigamente eu detestava geografia, mas no ensino médio eu tive um professor de geografia que era muito bom, então foi a partir dele que eu me interessei pela profissão* (PEF-18).

Assim como se posicionaram os docentes, Valle (2006), ao estudar a procura pelos cursos de formação de professores, indica que a escolha profissional pode estar relacionada à subjetividade dos sujeitos, valores altruísticos e de realização pessoal, à imagem que eles têm de si, bem como às experiências vividas no cotidiano.

As referências à influência das famílias, comuns a grande parte dos entrevistados, vêm corroborar o que Passeggi (2006, p. 4) caracteriza como transmissão intergeracional, ou seja, a influência de familiares — pais, irmãos e primos — na escolha pela profissão. Segundo ela, a instituição familiar geraria "[...] senão um ambiente de reprodução profissional, mas, pelo menos, um clima de sensibilização vocacional, levando a uma apropriação do desejo do outro, seja por dependência, seja por respeito, e não a uma resistência no processo de decisão".

Do conteúdo organizado na classe 1, podemos depreender que os motivos para a escolha profissional dos docentes em início de carreira envolvem uma rede complexa de diferentes fatores de ordem cultural, que concorrem para formulação de uma representação social da docência.

Classe 2 – O ser professor

A segunda classe, intitulada *O ser professor*, corresponde a 16% do corpus analisado pelo programa e organiza os depoimentos relacionados ao simbólico sobre a profissão, associando-o às múltiplas funções assumidas pelo docente junto aos alunos, às dificuldades, aos desafios e às perspectivas profissionais. De modo geral, simbolizam a profissão como importante e, ao mesmo tempo, desvalorizada. Eis o que dizem:

> *Ser professor significa transmitir conhecimento, incentivar o aluno a ser alguém com uma profissão que garanta um futuro bom. Ser professor hoje em dia também e ser um pouco mãe, amiga e às vezes psicóloga porque os alunos são carentes de atenção* (PEF-30).

> *É uma profissão em que se tem uma responsabilidade muito grande e, assim, você acaba também assumindo responsabilidades que não são suas [...] Nós somos responsáveis pelas duas educações, porque além da nossa responsabilidade em sala, temos de formar cidadão críticos, pensantes sobre o meio, a gente também tem que dar educação doméstica, ensinando posturas, comportamentos, enfim assumimos muitas responsabilidades* (PEF-18).

> *Ser professor na atualidade é ser corajoso, porque há uma a grande falta de valorização da educação, falta de estrutura na escola, o acesso a educação também está difícil* (P-EF21).

São fartos os depoimentos, porém o que foi possível detectar em relação ao ser professor entre os docentes do ensino fundamental foi uma representação centrada em múltiplos elementos, na qual prevalecem os seguintes: transmissão e mediação de conhecimentos; possibilidade de formar e educar sujeitos em diferentes dimensões; compromisso e responsabilidade envolvidos na tarefa de educar; e, principalmente, a precarização e desvalorização do professor na sociedade. Mesmo que atrelado ao gosto e amor pelo trabalho, tais elementos foram consensuais, nos diferentes grupos de professores de educação infantil, anos iniciais e finais do ensino fundamental.

Ainda nessa classe, foram localizadas referências às perspectivas profissionais dos entrevistados. Como atestam os seus depoimentos, há um misto de desencanto e interesse de permanência na profissão. Os professores que atuam no ensino fundamental, particularmente os que exercem a docência nos anos finais, foram os mais indecisos ou indispostos a persistirem na profissão. Eles afirmam:

> *[...] eu penso que será muito difícil eu continuar sendo professor, porque não há reconhecimento [...] realmente é muito difícil porque assim quando um professor tem que ficar trabalhando em três escolas para que o salário dele seja um pouco melhor. É muito complicado, acho que ninguém mais vai querer ser, estamos em uma berlinda, acho que quem está quer sair e quem pensa em entrar desiste logo da carreira* (PEF-21).
>
> *Não sei se continuo na docência. Eu espero que a situação educacional melhore, pois do jeito que está não teremos mais professores no futuro* (PEF-26).

Os resultados apresentados na classe 2 são indicativos de uma representação social do *ser professor* pautada numa relação de ambiguidade. A profissão é considerada relevante em decorrência de suas possibilidades de construir e favorecer todas as outras, porém é simbolicamente vista como uma profissão precarizada, com múltiplas exigências, mal remunerada e sem o devido reconhecimento social. Como as representações são orientadoras das práticas, há uma tendência da maior parte dos professores resistir perante a possibilidade de permanecer na carreira que estão iniciando.

Classe 3 – Desafios da docência

A classe 3, *Desafios da docência*, congrega 24% das UCEs, ou seja, é a classe com a maior produção discursiva dos sujeitos entrevistados, e dela depreendemos o cenário no qual estão sendo construídas as representações sociais do ser docente pelos profissionais em início de carreira. Diz respeito às múltiplas atividades, às dificuldades e às limitações que assumem no interior da escola. Pelos depoimentos, a tarefa principal é mediar o processo ensino/aprendizagem, porém é prejudicada em função da falta de infraestrutura das escolas, ausência de material didático e recursos tecnológicos, além do não estabelecimento de parceria com as famílias dos alunos. Eis algumas declarações nesse sentido:

> *As dificuldades e os desafios são muitos... Passaria a tarde falando... Mas, vamos lá [...] " criaram " um conceito de que escola é lugar pra educar, ensinar, alimentar e tomar conta de seus filhos.... Além do que tem aqueles que só colocam o filho na escola pra receber bolsa do governo... Às vezes temos que ser psicóloga, mãe e delegada em sala de aula* (PEF-15).

> *O desafio principal são as condições de trabalho. São muitas aulas, salas superlotadas, muitas cadernetas para dar conta, então tenho muitas turmas, acho que o currículo atual também não é muito adequado para os estudantes, para as demandas, a escola tem pouca estrutura para tecnologias* (PEF-20).

Os depoimentos dos professores a respeito da profissão guardam relações com o já afirmado por Martins e Pereira (2002). Segundo as autoras, apesar de ser um profissional que tem a grande responsabilidade de formar os cidadãos visando à melhoria da sociedade como um todo,

> O que tem ocorrido é uma política de desvalorização do professor, prevalecendo as concepções, que o consideram como um mero técnico reprodutor de conhecimentos, um monitor de programas pré-elaborados, um profissional desqualificado, colocando-se à mostra a ameaça de extinção do professor na forma atual. A realidade retrata uma carreira quase inexistente, com condições de trabalho aviltadas, pouca retribuição financeira e discutível reconhecimento social (Martins; Pereira, 2002, p. 113).

Nessa classe 3, localizamos os depoimentos mais relacionados à precarização do trabalho docente e suas implicações para imposição dos desafios à prática pedagógica. No universo sociocultural, estão e são continuamente produzidas representações sociais, e, como diz Moscovici (1978), se quisermos saber por que uma pessoa se comporta de um jeito e não de outro, devemos primeiro compreender o seu cotidiano e as relações que nele se estabelecem. Nossas reações diante das pessoas e dos objetos sociais são mediadas pelas representações sociais que delas fazemos. As dificuldades vivenciadas pelos professores afetam negativamente sua prática pedagógica e fazem com que eles estejam, já no início da carreira, construindo representações pouco promissoras do ser professor. Eles concretizam ou objetivam a profissão docente na precarização.

Classe 4 – Relação teoria/prática

A quarta classe, *Relação teoria prática*, corresponde a 8% do corpus e organiza os depoimentos relacionados à formação (inicial e continuada) e sua contribuição para o trabalho docente. Como afirma Roldão (2007), dois processos concorrem para a profissionalização do professorado, quais sejam: a institucionalização da escola e do currículo e a afirmação de um conhecimento profissional específico corporizado. Considerando o papel distintivo do saber específico para o desenvolvimento profissional docente, procuramos identificar como esse saber tem se articulado, ou contribuído para a prática docente dos professores em início de carreira. Sobre esse aspecto afirmam:

> Eu sinceramente... Assim... Geografia mesmo você só aprende na sala de aula, infelizmente assim a faculdade deixa a desejar... Em relação à formação continuada, essa tem me ajudado bastante porque lá tem experiências de outros professores, mostram os conteúdos que são mais atuais então tem sido importante. Apoio para as práticas... Eu procuro em internet nesses grupos mesmo de whatsapp, no nodo grupo de formação continuada nós temos espaço para mandar artigos um para o outro, compartilhamos artigos, vídeos (PEF-19).

> Tenho muitas experiências. [...] Sempre levo as mesmas pra sala de aula, pois essas formações são ricas em metodologias e didáticas tanto práticas quanto pedagógicas que nos auxiliam e nos ajudam bastante na docência (PEF-14).

> Vou lhe ser sincero, o que aprendemos na faculdade não condiz com a realidade das condições de ensino da rede pública, é como começar do zero. A experiência vai ser realmente com a licenciatura prática na escola (PEF-17).

> O que vemos na faculdade é totalmente diferente da realidade da sala de aula. Sobre a formação continuada [...] ajuda um pouco... (PEF-31).

Nas falas dos professores, constatamos uma forte ênfase à desarticulação entre formação e práticas. Poucos foram os que destacaram o valor e importância do saber sistemático adquirido para a prática pedagógica. Os professores que atuam nos anos finais do ensino fundamental, aqueles com formação em licenciaturas diversas, foram os mais críticos em relação à formação inicial e continuada. Os docentes que atuam nos anos iniciais fizeram referências mais positivas à possibilidade de vincular teoria e prática.

A produção discursiva predominante na classe 4 pode ser relacionada a Zeichner (1993), que utiliza o termo "mito" para se referir à crença segundo a qual "[...] as experiências práticas em colégios contribuem, necessariamente, para formar melhores professores. Assume-se que algum tempo de prática é melhor do que nenhum, e que quanto mais tempo se dedique às experiências práticas, melhor será" (Zeichner, 1993, p. 45).

Classe 5 – O início da docência

A classe 5, *O Inicio da Docência*, corresponde a 9% do corpus analisado e organiza os sentimentos e pontos marcantes da fase inicial da profissão. Os docentes falam:

> [...] a compreensão que os pais não tem do nosso trabalho, tem certos pais, a grande maioria não compreende o que a gente faz aqui. Eles acham que o menino vem pra cá pra brincar, que a gente não faz nada (PEF-4).

> [...] a falta de educação doméstica dos alunos, muitos fazem barulho no momento da explicação, falam palavrão, desrespeitam professores e colegas. Eu tento mostrar para eles que a conduta está errada [...] Mas, tudo é desfeito porque passam menos tempo na escola [...] Salas muito lotadas é difícil dá atenção a todos (PEF-30).

> O mau comportamento, a má postura dos meninos em sala de aula, o linguajar, os palavrões (PEF-28).

> [...] o mais marcante e que me incomoda é o desinteresse e indisciplina de alguns alunos. Eles geralmente têm um vocabulário bem agressivo, às vezes soltam palavrões... (PEF-27).

Como podemos detectar nos depoimentos acima, as dificuldades relacionadas ao trabalho docente no cotidiano e os obstáculos relacionados às relações interpessoais são os pontos mais marcantes do início da carreira dos docentes. Os docentes dos anos iniciais enfatizaram a relação com as famílias das crianças, e aqueles que atuam no ensino fundamental expuseram mais questões referentes aos alunos, especialmente indisciplina e falta de interesse pelos estudos.

O conteúdo da classe 5 confirma o que já foi constatado por outros teóricos sobre a inserção profissional docente: Conti (2003), Donato e Ens (2009) e Nono (2011). A literatura especializada indica situações de sofrimento e mal-estar que são vivenciadas pelos docentes, no processo de adaptação ao trabalho docente. O esforço emocional e cognitivo do professor não se reverte de maneira positiva em sua vida pessoal e profissional; por conseguinte, não se traduz em estímulos para sua permanência no exercício da docência.

Consideramos que as representações sociais constituem um conjunto organizado e estruturado de informações, crenças, opiniões e atitudes que orientam as práticas e condutas dos sujeitos. Esse material simbólico sobre o ser professor revela um amálgama que envolve a escolha profissional, o trabalho docente, a relação teoria e prática, os desafios e perspectivas para a docência.

A partir dos resultados obtidos, podemos afirmar que os docentes apresentam a influência familiar como maior justificativa para sua escolha profissional. Conforme demonstrado, a convivência com profissionais no grupo de socialização primária tem sido decisiva para se chegar a ser professor. Esse contexto inicial vai construindo e sedimentando as representações da profissão. De modo quase consensual, o trabalho do professor está associado à precarização da docência. Essa precarização foi concretizada em dificuldades de toda ordem, e foram enfatizados os seguintes fatores: infraestrutura das escolas, falta de material didático, relações interpessoais complicadas entre famílias e os próprios alunos.

Diferentemente do que tem sido comum na literatura, conforme Lima *et al.* (2006), Conti (2003), Donato e Ens (2009) e Nono (2011), não detectamos grandes problemas relativos ao acolhimento dos iniciantes de ensino fundamental nas escolas, nem obstáculos significativos no processo de interação com os pares. O choque de realidade ficou mais explícito entre os professores iniciantes que atuam nos anos finais do ensino fundamental. O referido impacto foi associado diretamente à indisciplina e ao desinteresse dos adolescentes.

No que tange às perspectivas profissionais do grupo, percebemos um certo desânimo relativo à possibilidade de permanência na profissão. Contudo há aqueles que desejam prosseguir, mesmo que em outros níveis ou modalidades de ensino. Tal possibilidade foi muito mais apontada por professores de educação infantil.

Em suma, detectamos como elementos demarcadores das representações sociais da profissão docente por professores em início de carreira: transmissão e mediação de conhecimentos, possibilidade de formar e educar sujeitos em diferentes dimensões, compromisso e responsabilidade envolvidos na tarefa de educar e, principalmente, precarização e desvalorização do professor na sociedade.

Os resultados sinalizam e reforçam a necessidade de elaboração de programas — vinculados às políticas públicas — que ofereçam maior suporte ao trabalho do professor em início de carreira. Tais programas deverão servir como estímulos à permanência do professor no exercício da docência, o que poderá contribuir para qualificar a educação.

5.3 Consensos e variações das representações sociais do ser professor entre professores iniciantes do ensino médio

Representações são formas de explicar a realidade, construídas na confluência dos diversos saberes adquiridos, que são partilhadas e orientam as práticas e os comportamentos. Nesta seção, focalizamos os consensos e variações das representações sociais do ser professor, construídas por 15 docentes iniciantes de ensino médio.

Esse grupo está constituído de 11 mulheres e quatro homens, e todos estão vinculados às escolas da rede estadual. Dos professores entrevistados, sete são graduados em Letras, três em Química, dois em Matemática, um em Geografia, um em História e outro em Física. Desses docentes, 13 possuem curso de especialização e duas estão no segundo curso de graduação. Sobre o tempo de experiência na docência, o grupo apresenta a seguinte configuração: oito professores estão com cinco anos na profissão; quatro com quatro anos de docência; dois estão com três anos e um está com dois anos de docência. As idades dos docentes variam de 27 a 33 anos.

Assim como fizemos com o material coletado junto a professores de educação infantil e ensino fundamental, os dados recolhidos com as entrevistas dos professores de ensino médio foram transcritos e processados com auxílio do software Análise Lexical Contextual (Alceste). Do processamento das entrevistas no software, emergiram quatro classes expostas no dendrograma a seguir (Figura 3), que organizam o conteúdo das entrevistas com os professores de ensino médio em início de carreira e foram assim denominadas: classe 1: Perspectivas profissionais; classe 2: A profissão docente; classe 3: Desafios do início da carreira; e classe 4: Formação docente.

Figura 3 – Dendrograma referente à Classificação Hierárquica Descendente (CHD) do corpus: entrevistas com docentes iniciantes de ensino médio

Classe 1 (13%) "Perspectivas"		Classe 2 (34%) "Profissão Docente"		Classe 3 (32%) "Desafios do início da Carreira"		Classe 4 (17%) "Formação Docente"	
Palavras	f	Palavras	f	Palavras	f	Palavras	f
fic+	44	valoriz+	56	bem	43	sala	42
meio	41	melhor	43	estava	35	formações	41
incomoda	41	esper+	41	dificuldade	33	aula	37
vai	34	pai	33	encontr+	31	teor+	33
procur+	33	desej+	33	recebida	31	form+	28
mestrado	31	salario	33	pela	29	muita	28
dedic+	24	estrutura	33	aula	27	dev+	24

Fonte: dados da pesquisa

Classe 1 – Perspectivas profissionais

Esta classe, *Perspectivas profissionais*, é a menor das quatro classes apresentadas na Figura 3 e concentra 13% do corpus analisado e aborda as perspectivas profissionais dos professores entrevistados. Conforme expressaram em suas falas, a maioria dos profissionais deseja continuar na área da Educação, de acordo com o que se segue: oito dos entrevistados desejam continuar como docentes de ensino médio; cinco professores querem seguir carreira universitária; e dois entrevistados pretendem seguir outra profissão. Os depoimentos sugerem que todos devem procurar o melhor para si, e, muitas vezes, isso implica mudar de profissão. Afirmam:

> *Pretendo investir na outra graduação, eu gosto da educação, mas temos que pensar no que é melhor pra gente e agora quero investir em outras coisas* (PEM-05).

> *O olhar deve ser voltado para o que o professor necessita em sala de aula porque não é só colocar um professorem escola... Tem que dar estrutura e instrumento de trabalho pra ele, pra ele poder de alguma forma dar uma aula diferente e fazer o aluno se envolver. Não, pretendo prosseguir como professora o desse nível mais quero ir além. Continuar no ensino médio não* (PEM-4).

Os entrevistados que desejam prosseguir na carreira informam que, mesmo com a atual realidade das escolas de ensino médio e da deficiência na distribuição de material, não se veem fazendo outra atividade que não seja lecionar para um público com o qual se identificam e se realizam profissionalmente. Eis o que afirmam a esse respeito:

> *[...] eu prefiro aluno do ensino médio por que são maiores e mais maduros pra trabalhar conteúdo, mas não me vejo vivendo de outra coisa não, vou seguir ate onde a vida permitir ate a morte! Eu não quero sair da educação não, eu ainda acredito mesmo que a atual realidade diga outra coisa, a gente tenta ne, mas eu não quero sair não* (PEM-3).

> *[...] A figura do professor vai ser sempre necessária, o professor vai ser sempre aquele monitor, o professor hoje é mais um gestor de talentos do que uma fonte de informação. Não me vejo em outra coisa, eu gosto da sala de aula, eu gosto dessa interação. Fazer o quê? Eu faço o que gosto e me dá muita satisfação dividir o conhecimento também* (PEM-7).

> *[...] desejo enquanto saúde tiver poder ensinar. Porque gosto muito de ensinar e sentir que posso ajudar muito com meu exemplo e incentivo* (PEM-15).

> [...] Sim, pretendo continuar. Porque apesar de tudo e todas as dificuldades é onde me realizo profissionalmente (PEM-14).

Os professores que almejam seguir a carreira universitária informam que os motivos para não desejarem continuar como docentes do ensino médio são os seguintes: desvalorização da educação, da profissão, do profissional professor; e dificuldade para lidar com o público de jovens e adolescentes. Sobre o processo de desvalorização, docente Paula e Naves (2010, p. 63) afirmam:

> A desvalorização profissional é, de fato, uma situação que oprime e desqualifica a força de trabalho, reforça os processos de proletarização do magistério e acentua a concepção de que ser professor é uma atividade de menor valor social. Essa realidade acaba mesmo por reforçar as tensões entre os professores e a sociedade, mais precisamente as tensões entre os docentes e as famílias dos alunos.

Nas falas dos entrevistados, identificamos um consenso em torno das perspectivas profissionais, pois reconhecem que o exercício do magistério requer maior valorização no âmbito financeiro, pessoal e profissional.

O grupo maior de entrevistados está constituído por professores de Língua Portuguesa, com formação em Letras, e, embora compartilhem as mesmas dificuldades e expectativas dos demais entrevistados, seus depoimentos são menos pessimistas do que os profissionais que lecionam em outras áreas. Afirmam:

> Espero que a profissão seja mais valorizada, não só financeiramente, mas pessoal também, a sociedade precisa respeitar o professor enquanto ser humano e profissional (PEM-1 Letras).

> Todo professor deseja que seu trabalho seja reconhecido pela sociedade como uma prioridade na vida de cada educando e seja recompensado adequadamente para que não precise trabalhar três turnos para ganhar um salário digno (PEM-13-Letras)

Nos depoimentos, detectamos que os docentes iniciantes que atuam nas demais disciplinas do ensino médio são mais negativos em relação à docência e às suas perspectivas. Esses professores comentam:

> Não pensei que essa profissão fosse tão desvalorizada. Acabou com toda minha esperança. Só não acabou com meu comprometimento e responsabilidade, mas falo do amargor de ser desvalorizado (PEM-12).

> *O olhar vai ter que ser voltado pra o que o professor necessita em sala de aula... Porque não é só colocar um professor tem que dar estrutura e instrumento de trabalho pra ele* (PEM-4).
>
> *É muito difícil lidar com esse publico fora o não reconhecimento que temos* (PEM-11).
>
> *Infelizmente do início da graduação pra agora muita coisa mudou na minha cabeça, antes eu sonhava muito em sempre ser professora, mas hoje em dia vejo que a coisa não é tão fácil assim, principalmente pela questão do reconhecimento na economia* (PEM-8).

Assim, podemos afirmar que, na classe 1, os consensos estão relacionados ao desejo de continuar na docência e no reconhecimento da desvalorização profissional. E as variações estão concentradas entre os professores de Química, Física e Geografia, que são mais pessimistas e fazem menção às difíceis condições de trabalho, por exemplo lidar com os alunos e falta de reconhecimento social da profissão.

Classe 2 – Profissão docente

A classe 2, *Profissão docente*, organiza os depoimentos relacionados ao ser professor hoje. Constitui a maior das classes da Figura 3 e organiza 34% do corpus analisado. Ao tratarem sobre a docência, as falas dos professores sugerem um sentimento geral de desvalorização. Os docentes desejam que a profissão docente seja mais valorizada, pois são muitos os desafios enfrentados. Em suas falas, destacam a desvalorização social, os baixos salários, a precarização da formação e a evasão profissional. Fazem referências ao contexto atual de cortes e restrições à educação, considerados como elementos que agravam ainda mais o ser professor.

> *A profissão vai ficar muito escassa, tendo em vista essa PEC, cada vez mais desvalorizada e antigamente você via um numero grande de alunos que queriam ser professor, mas hoje em dia as pessoas não querem mais ser professor* (PEM-2).
>
> *O professor precisa de maior valorização, mais respeito e principalmente melhores condições de trabalho, nós estamos formando pessoas para o futuro de amanhã* (PEM-11).
>
> *Todo professor deseja que seu trabalho seja reconhecido pela sociedade como uma prioridade na vida de cada educando e seja recompensado adequadamente para que não precise trabalhar três turnos para ganhar um salário digno* (PEM-13).

Nos depoimentos, são recorrentes as expectativas dos professores iniciantes do ensino médio por melhorias e mudanças na profissão. Um dos entrevistados afirma:

> *Eu espero que a profissão mude, que haja mudanças tanto em termos de valorização, principalmente a valorização do professor e não é só financeiramente, mas enquanto uma profissão[...] mas eu creio que as coisas podem mudar ne depende muito dos gestores, dos políticos é uma serie de coisas* (PEM-1).

A profissão vem sofrendo depreciação, e, notadamente, as condições para o seu exercício têm sido alvo de descaso, como podemos conferir no trecho de fala a seguir:

> *[...] a superlotação das turmas, a falta de material para desenvolver um trabalho com excelência, estrutura física, segurança e salários dignos, pois os salários são baixos, principalmente, para os que estão começando* (PEM-11).

Algumas das situações relatadas pelos professores estão relacionadas ao que se denomina mal-estar docente. A esse respeito, Timm (2015) afirma que ser professor hoje em dia deixou de ser algo compensador, pois, além dos salários nada atrativos, perdeu-se também o status social que acompanhava a profissão décadas atrás.

Quando questionados sobre o significado do ser professor, os depoimentos organizados na classe 2 indicam consensos em relação ao docente como muito além de um transmissor de conhecimentos. Os docentes partilham ideias em torno do ser professor como o profissional que forma "sujeitos transformadores" e ressaltam os desafios da profissão, considerada a mais importante, pois se destina à formação do cidadão. A esse respeito, afirmam:

> *Para mim ser professor é uma das profissões mais importantes do mundo né? Porque a gente além de formar cidadãos a gente forma, a gente educa, a gente não é só o elo de ligação do conhecimento. A gente tem que ser um educador* (PEM-3).

> *[...] ser professor é um exercício diário e através da educação transformamos o ser humano. Ensinar e educar transforma o ser humano!* (PEM-13).

Na classe 2, não localizamos variações nos depoimentos dos docentes, pois o ser professor é representado como um educador que, além de ensinar e transmitir conhecimentos, procura formar o cidadão e transformar pessoas.

Classe 3 – Desafios do início da carreira

Na terceira classe, *Desafios do início da carreira*, estão concentrados depoimentos relativos aos desafios que são vivenciados pelos docentes iniciantes do ensino médio em suas práticas. A referida classe organiza 32% do corpus. Nos depoimentos, foram destacados pelos professores: falta de recursos, estrutura física falha das escolas, inadequação de material didático e exercício de funções variadas. No entanto alguns dos entrevistados mencionam as estratégias que utilizam para enfrentar os desafios. Afirmam:

> *Existem vários desafios né? Um deles é necessidade hoje de exercer varias funções na escola, outra é conciliar as teorias de aprendizagem com as condições reais da pratica, essas pra mim são as grandes dificuldades* (PEM-7).

> *[...] é com relação ao material didático, por que os livros não obedecem muitas vezes ao que é estipulado pela própria secretaria de educação, é um choque de conteúdos...* (PEM-5).

> *[...] Então meu maior desafio é fazer com que eles tentem aprender e assistir a aula de maneira tranquila e prazerosa pra que eles tentem aprender da melhor forma possível. [...] eu sofro muita represália por isso, não é por parte dos professores, mas por parte dos próprios alunos porque eles... A educação familiar da galera é muito ruim, muito ruim então assim esse é o meu maior desafio basicamente, o resto é tranquilo* (PEM-3).

> *Falta de valorização humana; estrutura física e de recursos, precárias; política educacional mal aplicada e gerenciada... Vou superando, abstraindo como se nada disso estivesse acontecendo. Procuro me dedicar aos meus alunos. Construo meu próprio material didático utilizando papel, folha adesiva, papelão, cola, papel colorido, impressões de gravuras e exercícios coloridos que realizo na impressora que eu comprei para usar para minhas aulas. [...] Ficar pensando no que não temos vai apenas atrasar nossas vidas* (PEM-9).

Os entrevistados enfatizaram a preocupação com o domínio dos conteúdos específicos a serem ensinados, elaboração de planejamento, trabalho individual na escola e o nível dos alunos. Afirmam:

> *Vamos tentando superar, vamos tentando sempre na perspectiva de tentativa e erro muitas vezes se erra mais que acerta, mas sempre tentando fazer algo e estudar sempre, uma coisa que eu comento com meus colegas é que temos pouco tempo pra discus-*

> sões pedagógicas, como melhorar a pratica o que nossos colegas estão fazendo pra melhorar a prática, essa troca de experiência é muito bom (PEM-7).

> [...] dificuldade em elaborar aula e fazer planejamento. Isso te toma muito tempo sabe, e como você como professor tem varias turmas ai você acaba levando trabalha pra casa, principalmente professor de língua portuguesa, porque tem que trabalhar gramatica, literatura, língua portuguesa, intepretação de texto, então você tem muito trabalho. E quando você leva pra casa você deixa de viver a sua vida então ou você se desliga ou você... Então, essa e minha dificuldade maior. Pra superar "a gente se vira nos 30". A gente faz o que é possível, sempre moldar a aula de acordo com o aluno... (PEM-6).

Outro desafio compartilhado pelos docentes iniciantes de ensino médio: dificuldades de lidar com os alunos em sala de aula, particularmente o desinteresse e falta de estímulo dos adolescentes para aprender. Afirmam:

> O desafio é o de tentar fazer com que os alunos se interessem e queiram estudar pela minha matéria, encontro uma resistência muito grande por parte deles, mas dou o meu máximo. Estou sempre estudando formas de fazer a aula ficar mais interessante, achando formas de tentar ter a atenção deles. Esse é o desafio que mais enfrento (PEM-11).

> [...] é a preguiça dos alunos, muitas vezes é desestimulante você chega na sala de aula e eles estão lá "arriados", a cabeça abaixada, outros no celular, uns compartilhando fone de ouvido né. É você nadar contra a maré (PEM-2).

> Caramba... A primeira, talvez seja o pouco interesse dos alunos... Mas o empenho, e a vontade de mudar as coisas, me faz pular os obstáculos. Por isso me policio para ter aulas interessantes... Nem que seja uma roda de diálogo (PEM-10).

> Olha meus desafios são os de levar o aluno à motivação individual ao aprendizado, não só na disciplina que leciono como na de meus colegas (PEM-13).

> A falta de interesse, depois é a falta de base em matemática e em português e por último é a falta de fé em si mesmos dos alunos (PEM-14).

No conjunto geral dos depoimentos, houve uma diminuta variação relativa aos desafios indicados pelos professores. As variações ocorrem nos seguintes aspectos: ausência de trabalho coletivo na escola e discussão entre pares; deficiência no processo de aprendizagem anterior ao ingresso no ensino médio; e políticas educacionais pouco efetivas e mal gerenciadas. Eis alguns comentários:

> [...] temos pouco tempo pra discussões pedagógicas, como melhorar a pratica o que nossos colegas estão fazendo pra melhorar a pratica, essa troca de experiência é muito bom (PEM-7).

> [...] ter que modificar muitas coisas que foram aprendidas de forma errada antes do ensino médio ou que até nem foram atendidas por falta de professores capacitados e etc. (PEM-8).

> [...] Falta de valorização humana e política educacional mal aplicada ou gerenciada (PEM-9).

As dificuldades enfrentadas revelam que os professores iniciantes de ensino médio vivenciam o choque de realidade de que fala Huberman (1995). E, também, conforme Mariano (2012), no início da carreira, os docentes enfrentam um choque da realidade, em decorrência das diferenças existentes entre o que é aprendido durante a graduação e o que é encontrado, pelo docente na escola e na sala de aula. Tardif (2002) denomina esse sentimento de choque de transição, pois é a passagem do ser estudante para o ser professor. Huberman (1995) apresenta outros dois sentimentos que tomam conta do professor iniciante: descoberta e sobrevivência. A descoberta ocorre quando o iniciante começa a se sentir como professor, pois percebe que tem uma sala de aula; e a sobrevivência se manifesta, por exemplo, na seguinte questão: "o que eu estou fazendo aqui?". Foi possível identificar tais sentimentos no grupo de professores de ensino médio entrevistado.

Classe 4 – Formação docente

A classe 4, *Formação docente,* organiza 17% do corpus e aborda as dificuldades de articulação entre teoria e prática. Basicamente, os entrevistados destacam os limites da formação inicial na preparação do professor para atuar na escola pública. Os entrevistados enfatizam a prática como fundamental para a aprendizagem do ser professor. Afirmam:

> Acho que a faculdade não ensina a ser professor... Ensina o conteúdo, mas mesmo assim cadeiras práticas não chegam perto da responsabilidade de ensinar, de "dominar" a turma, de evitar criar animosidade com aluno ou turma. Isso só se aprende no erro e acerto, na prática (PEM-14).

> *A formação acadêmica não te faz ser professor, ela ajuda nos conhecimentos e como orientá-los, mas não é só isso* (PEM-15).
>
> *A graduação contribuiu, mas poderia contribuir muito mais se o currículo universitário se aproximasse mais da realidade de sala de aula. É uma diferença muito grande o que você estuda da realidade da sala de aula* (PEM-11).
>
> *Bem, antes de qualquer coisa, o conteúdo foi importante, por outro lado, pelo menos na minha graduação há um distanciamento do que eu vejo na graduação pra aquilo que eu tenho que por em sala de aula, passamos bom tempo estudando teoria. Mas, o exercício, a prática não tem. E quando você vai pra sala de aula você sente, ficamos sem saber o que fazer, mas só com o tempo você consegue transformar a teoria em algo que funcione* (PEM-7).

A falta de articulação entre teoria e prática e o distanciamento da formação inicial vivenciada pelo professor na escola são tratados na literatura. Pimenta (1999) considera que a formação é, na verdade, autoformação, uma vez que os professores reelaboram os saberes iniciais, em confronto com suas experiências práticas cotidianamente vivenciadas nos contextos escolares. Mariano (2012) ressalta a necessidade da articulação entre teoria e a prática na formação dos professores, e afirma que as agências formadoras devem viabilizar e colaborar com a formação contínua dos professores, por exemplo propiciando momentos de reflexão individual e coletiva sobre a prática pedagógica.

Sobre a contribuição da formação para prática docente, identificamos variações nas falas dos participantes, tais como: sete professores consideram que a formação inicial foi relevante e indispensável, pois se tornou um apoio valioso nos primeiros contatos com a sala de aula. Afirmam, ainda, que tal suporte propiciou um maior amadurecimento. Porém oito docentes declaram que tiveram dificuldade em relacionar teoria e prática em sala de aula, pois se sentiram perdidos e foram aprendendo a lidar com tal deficiência no exercício da docência. Os docentes licenciados em Letras apresentaram variações quando se referem à relação teoria e a prática na sala de aula. Dos sete entrevistados, quatro docentes informam que a formação inicial ofereceu suporte para a docência e três reconhecem a deficiência de sua formação acadêmica. Dessa classe 4, podemos depreender que, embora os entrevistados não desprezem os saberes adquiridos na formação, compartilham a representação de que a prática, ou seja, o exercício profissional, é o fator que mais propicia aprendizagem do ser professor.

Procuramos compreender as representações sociais da profissão docente construídas por professores do ensino médio em início de carreira e os resultados revelam que as representações desse grupo em torno do ser professor estão centradas no ser educador, alguém que contribui para a formação do indivíduo, tendo em vista a transformação social. Tais representações sociais são marcadas pelo processo histórico de desvalorização da profissão docente. Os professores de ensino médio em início de carreira compartilham dessas representações, que são construídas no diálogo com o outro e preservam a identidade do grupo.

No grupo entrevistado, houve consenso em relação às perspectivas e às expectativas profissionais, notadamente, nos seguintes aspectos: desejo de maior reconhecimento por parte das autoridades e sociedade; e garantia de melhores condições de trabalho para que possam exercer melhor a profissão. Os docentes consideram, ainda, que o ser professor, além de ser um exercício diário e um permanente desafio, se constitui como uma das profissões mais importantes, pois tem como função precípua a formação para a cidadania. No fazer docente, valorizam a interação e troca de conhecimentos e, nos alunos, depositam a expectativa de transformação social.

Capítulo 6

ANCORAGENS DAS REPRESENTAÇÕES SOCIAIS DA PROFISSÃO ENTRE DOCENTES DE EDUCAÇÃO BÁSICA EM INÍCIO DE CARREIRA

Este último capítulo aborda as ancoragens das representações sociais da profissão entre docentes em início de carreira, inseridos em diferentes contextos da educação básica. Inicialmente tratamos do conceito de ancoragem para, em seguida, demarcamos as ancoragens do ser professor para esses docentes em início de carreira.

6.1 O conceito de ancoragem na Teoria das Representações Sociais

Como já destacamos no primeiro capítulo desta obra, para entender como o homem explica a realidade, Moscovici (1978), em seu estudo original sobre a Psicanálise, redimensionou conceitos clássicos da Psicologia e da Sociologia, dentre os quais se destaca o conceito de representações coletivas, que são consideradas como representações sociais. Ao rever o conceito proposto por Durkheim[23], as representações sociais foram tomadas como uma forma do conhecimento do senso comum, que revela marcas tanto do sujeito quanto do objeto, pois ambos estão inscritos social e historicamente.

Moscovici (2012) admite a complexidade de definir representações sociais e destaca várias noções que ajudam a clarificar o conceito, tais como: imagem, opinião, atitude e crenças. Tais microelementos integram a representação social que, na visão do autor, é mais abrangente e complexa. Por exemplo, quando usa a noção de imagem para explicitar o conceito de representação social, adota a perspectiva de reconstrução do objeto da representação; por conseguinte, vai além do reflexo interno de uma realidade externa. O autor considera que não existe uma cisão entre o universo exterior e o interior, portanto o sujeito e objeto não são obrigatoriamente heterogêneos, uma vez que se misturam ao representar. As imagens vão

---
[23] Em **As formas elementares da vida religiosa**, obra publicada originalmente por Emile Durheim em 1912. No Brasil o texto foi publicado pela Editora Martins Fontes.

além das impressões, e a memória sustenta aspectos do passado, a fim de protegê-la de possíveis mudanças. Para Moscovici (1978), quando o sujeito exprime suas opiniões e manifesta atitudes a respeito de um objeto, está revelando uma representação social desse objeto. Sendo assim, as imagens, opiniões e atitudes, quando estão inseridas no sistema representacional, deixam de ser entendidas como elementos isolados e/ou parciais, uma vez que se tornam partes redimensionadas de uma representação social.

Jodelet (1989) conseguiu ampliar o conceito de representações sociais, proposto por Moscovici. Para a autora, as representações sociais designam uma forma de conhecimento específico, ou seja, o saber do senso comum, cujos conteúdos manifestam a operação de processos generativos e funcionais socialmente marcados. São "[...] modalidades de pensamento prático, orientadas para a comunicação, a compreensão e o domínio do ambiente social, material e ideal" (Jodelet, 2001, p. 27).

Ao detalhar o processo de construção de uma representação social, Moscovici (1978) refere-se a dois processos fundamentais: objetivação e ancoragem. Segundo o autor, a gênese de uma representação constitui-se em uma atividade de transformação do não familiar em familiar, e, assim, esses dois conceitos (objetivação e ancoragem) explicariam como se processa cognitivamente o ato de representar.

A objetivação é o processo cognitivo de transformar o que é novo, abstrato ou complexo em uma imagem significativa. Tal transformação se faz apoiada em concepções que já são próprias e conhecidas do sujeito. O processo de ancoragem é a incorporação ou assimilação desse novo objeto nos sistemas de valores e nos esquemas funcionais e familiares do sujeito e do grupo. O objeto é integrado definitivamente à malha de saberes já existentes e comuns ao sujeito em sua cultura. Os processos de objetivação e ancoragem e, também, os objetos de representação social estão sempre situados nos âmbitos sociológicos e psicológicos, bem como são analisados mediante as histórias culturais nas quais o indivíduo está envolvido.

De acordo com Moscovici (2003), a ancoragem constitui a familiarização com o novo, pela transformação do inusitado em conhecimento capaz de influenciar outras pessoas, que se revela como uma verdade ou algo conhecido para certo grupo. Afirma que

> [...] pela classificação do que é inclassificável, pelo fato de dar um nome ao que não tinha nome, nós somos capazes de imaginá-lo, de representá-lo. De fato, conforme o autor, a representação é, fundamentalmente, um sistema de classificação e de denotação, de alocação de categorias e nomes (2003, p. 62).

Doise (1985) e Jodelet (2005) deram ênfase ao processo de ancoragem. Jodelet (2005), em pesquisa publicada no Brasil com o título "Loucuras e Representações Sociais", afirma que a ancoragem constitui a própria representação no social. Segundo a autora, por meio do processo de ancoragem, podemos compreender o jogo da cultura, assim como características históricas, regionais e institucionais da produção de sentidos. A autora reitera que a ancoragem refere-se ao enraizamento social da representação. Entender como se processa a ancoragem torna possível compreender a representação como um sistema de interpretação do mundo que integra uma novidade aos esquemas cognitivos do sujeito. Possibilita, ainda, a percepção das transformações que são provocadas pela ancoragem nos esquemas já existentes.

Conforme propõe Doise (1985), a ancoragem deve ser estudada por meio da articulação entre as diferenciações sociais evidenciadas pela Sociologia e os processos cognitivos estudados pela Psicologia. Na abordagem desse autor, a ancoragem condiciona as tomadas de posições individuais no campo das representações. Doise (1985) propõe três tipos de ancoragem: a ancoragem psicológica (apoiada nos valores, atitudes e opiniões individuais), a ancoragem sociológica (que reflete a pertença social dos indivíduos) e a ancoragem psicossocial (apoiada na percepção das relações sociais e nas inserções assimétricas na sociedade). Na verdade, ao classificar a ancoragem nessas três modalidades, Doise destaca o mecanismo de regulação social como determinante no processo de tornar familiar para o sujeito o que antes era desconhecido.

Na visão de Jodelet (1984), Doise trata a ancoragem de forma diferente do que propõe Moscovici. Segundo ela, Doise não teria investigado suficientemente a ideia de que a ancoragem atribui sentido ou se integra a outros sentidos preexistentes, numa interação entre o pensamento socialmente partilhado e as estruturas de significações individuais que exercem influências sobre a novidade acolhida.

Doise (1985), por sua vez, responde à posição de Jodelet e apresenta duas versões da ancoragem, no processo de transformar uma imagem em algo significante e familiar. Uma versão semântica por meio da associação do núcleo figurativo da nova representação com os elementos da realidade social; e outra de regulação social, que se manifesta nas escolhas individuais utilizadas e usa as representações sociais como instrumentos de comunicação, gestão de conflitos e relações sociais. Doise (1985) reafirma que, em suas investigações, privilegia essa última versão do que seja a ancoragem.

Apesar dessas supostas divergências, os dois teóricos Denise Jodelet e Willem Doise buscaram articulações no interior da própria Psicologia Social e na interação da Psicologia Social com outras ciências. Ambos admitem ser consenso a importância do processo de ancoragem nos estudos de representações sociais.

No Brasil, Trindade, Almeida e Santos (2005) consideram que os processos históricos, culturais e psicológicos utilizados na construção de uma representação social podem ser especificados por meio do processo de ancoragem, e os dissensos em relação a alguns aspectos da teoria podem ser explicados pela orientação ou escolha analítica ou metodológica do pesquisador.

6.2 Ser professor: elementos ancorados nas representações sociais de docentes de educação básica em início de carreira

Nesta obra, fundamentada na abordagem societal, adotamos o conceito de ancoragem na perspectiva de Willem Doise. Procuramos identificar elementos socioprofissionais nos quais ancoram as variações das representações do ser professor e suas implicações para as práticas dos diferentes grupos de docentes da educação iniciantes na carreira.

Conforme já citado, realizamos dois grupos focais assim constituídos: o primeiro contou com a participação de oito professores e um segundo com sete docentes iniciantes. Todos os participantes estavam com até cinco anos de carreira: quatro professores estavam com até um ano de docência; duas com até dois anos; três com três anos; três professoras estavam com quatro anos e três tinham até cinco anos de exercício profissional.

Na visão de Moscovici (1978), a ancoragem significa o enraizamento social da representação, ou seja, a integração cognitiva do objeto representado no sistema de pensamento.

Doise (1985), por sua vez, classifica a ancoragem em três modalidades: a ancoragem psicológica diz respeito às crenças e aos valores, que orientam e organizam as relações simbólicas dos sujeitos; a ancoragem psicossociológica refere-se ao modo como os indivíduos se situam simbolicamente nas relações sociais e hierarquias próprias de um campo social; e a ancoragem sociológica diz respeito às interferências das relações simbólicas dos grupos para com a apropriação e representação dos objetos.

Após leitura exaustiva das transcrições dos dois grupos focais, assim como após escuta cautelosa das gravações em áudio, construímos a categorização dos elementos contidos nas comunicações dos sujeitos. Categorias são reconhecidas como grandes enunciados que acolhem um número variável de temas ou subcategorias que se agrupam de acordo com a proximidade de sentidos e vínculos demandados pelo objeto em estudo.

No conjunto dos diálogos sobre o ser professor, duas categorias marcaram as interações e discussão dos grupos focais, a saber: **trocar/ mediar conhecimento em sala de aul**a **(ser mediador)** e **ser agente de transformação social**. Tais categorias, emergentes da discussão propiciadas pelos grupos focais, estão tratadas de modo articulado, assim como foram se manifestando nas conversações dos docentes em início de carreira nos dois grupos focais realizados.

Os sujeitos concordaram que a sala de aula é um espaço de **troca de conhecimentos,** pois todos reconheceram que o aluno possui saberes prévios que não podem ser descartados. Afirmaram que o professor não pode desconsiderar a existência de tais saberes, que são necessários e devem ser reconhecidos para que haja um feedback e melhor aprendizado. Segundo os professores iniciantes, é a partir da troca (no grupo-classe) que se dá a construção do conhecimento. Reiteram que o trabalho do professor é um trabalho de relações. Afirmam:

> *[...] como Paulo Freire falou, a criança não é uma tábula rasa você chega coloca toda aquela informação e ela aceita não, ela tem essa relação* (Azul-PEI-gf-1)[24].

> *Eu acho que está muito ai o papel do professor, o papel de mediar essas trocas e de conseguir fazer essa avaliação do que eles estão aprendendo questão da vivencia e a questão sempre de adaptar também né* (Laranja PEF-gf-1).

> *A gente troca com os grupos de alunos que a gente ensina, uma troca que deve ser saudável, onde nos aprendemos juntos... Numa relação.. Eu que trabalho com adolescentes aprendo e ensino ao mesmo tempo num é?* (Laranja PEM-gf-2).

> *Eu sinto que tem que ter um feedback por menor que seja, essa troca todo professor deveria investir muito porque iria influenciar em muita coisa, na qualidade do trabalho...* (Rosa PEF-gf-1).

Uma professora declarou não ser adepta da pedagogia tradicional e afirmou que, quando tem condições, organiza a sala de aula em círculo e, como Sócrates, faz "sua maiêutica", ou seja, ouve cada um e formula diversas

---

[24] Para a preservação da identidade dos participantes dos grupos focais, eles foram identificados por nome de cores seguido pelas abreviaturas de professor, etapa da educação básica em que atuavam e número de ordem do grupo focal do qual participaram.

perguntas. Dessa forma, os alunos perguntam, colocam exemplos, manifestam seus pensamentos e trocam ideias. Segundo ela, todos têm acesso à informação, mas o conhecimento é uma construção coletiva. Afirma:

> *[...] informação todo mundo tem acesso hoje em dia, mas a gente construir conhecimento é assim né? Vendo que ele vai trazendo trocando ideias... É assim essa é a troca que eu gosto de fazer* (Verde PEM-gf-1).

> *Ser professor é ser um mediador, alguém que ensina, mas também aprende junto. Eu acho que meus professores não pensavam assim... Mas o mundo mudou muito... E você não pode ser apenas aquele que fica lá na frente ditando as coisas... Eles não deixam você se comportar assim... Nem os pequeninos... Passou! Quando cheguei na escola foi uma coisa que eu comecei a ver que meus professores da faculdade tinham razão... Eu até passei a entender melhor o que é ser ou não ser um professor mais tradicional* (Laranja PEM-gf-2).

Conforme os professores, alguns alunos os consideram como modelos e até querem imitá-los. Admitem que, como profissionais, procuram valorizar e cultivar o respeito e não o preconceito para com as pessoas. O tema "respeito" foi debatido nos grupos focais, tendo levado os participantes a reconhecerem o professor como um agente de transformação.

> *Um professor pode não mudar... Mas ele tenta... Converso muito com meus alunos... São pré-adolescentes e outro dia um me disse: " Poxa professora! Minha vida mudou muito depois que estou aqui... Eu era da rua... Fui resgatado... Claro que eu tenho minhas recaídas, mas nessa escola eu mudei... E pra melhor". Tem dia que me desanimo, mas quando penso nesses casos, colegas eu respiro fundo e digo posso fazer algo...* (Rosa PEF-gf-1).

> *Nós podemos até não mudar o mundo, mas transformamos pessoas... E querendo ou não fazemos a diferença... Talvez por somos tão desvalorizados...* (Rosa PEF-gf-2).

> *[...] temos muitas dificuldades... Somos desvalorizados... Mas, é possível transformar... Isto nos põe de pé todos os dias... Saber que fazemos a diferença na vida de alguém... Eu não quero sair da educação não, eu ainda acredito mesmo* (Laranja PEM-gf-2).

Nos dois grupos, foi afirmado que o professor pode não conseguir mudar o mundo, mas, pelo menos, deve discutir com as crianças e adolescentes o conceito de respeito, considerado como um caminho que poderá levar à transformação de atual sociedade. Uma professora relatou que, na sua sala de educação infantil, conseguiu desmistificar alguns aspectos relacionadas ao preconceito de cor a partir da problematização do que significava "lápis cor de pele". Relatou em detalhes a situação vivenciada e contagiou o primeiro grupo focal com seu relato. Ela leu um livro a fim de que seus alunos entendessem o sentido do que falavam. Explicou que um lápis não pode ser "cor de pele", porque a pele das pessoas tem várias tonalidades. Ao contar seu exemplo, o grupo compartilhou e reforçou a ideia de que o professor é um agente de transformação. Os colegas de grupo comentam:

> *Isto mesmo a gente com jeito vai mudando certos comportamentos e posições... Eu também penso assim...* (Verde PEM-gf-1).

> *Nós podemos sim... Na minha sala essas questões de gênero, por exemplo, todo dia eu vou combatendo... Não quero sentar perto de fulano porque tem piolho, de sicrano porque é frango etc... Eu combato... E vejo mudança* (Amarelo PEF gf1).

No grupo, instalou-se um consenso de que o docente não apenas transmite conhecimento, mas troca conhecimentos com o grupo classe, portanto é um mediador de aprendizagem. A esse respeito, disseram:

> *[...] acho assim que se fosse pra transmitir conhecimento era só a prefeitura dar um tablet pra cada criança e vá embora estudar em casa, ler o que você quiser, entendeu?* (Laranja PEI-gf-1).

> *Eu acho que não tem essa questão de transmitir não, mas existe o compromisso com o conhecimento, eu acho que é essa a função de mediar de proporcionar com que a outra pessoa se estimule a buscar, essa é a principal função de um profissional de educação é você desenvolver esse estímulo né? Não é só transmitir porque tem a troca né?* (Branco PEF-gf-2).

> *[...] Porque assim, nós não somos meros transmissores, nós somos mediadores* (Azul PEF-gf-1).

Entre os diferentes docentes iniciantes, identificamos que o ser professor está ancorado em mediação, troca de conhecimento e possibilidade de transformação. Na perspectiva de Doise (2002), estamos nos referindo a uma modalidade de ancoragem que leva em conta as diferentes posições ocupadas pelos atores sociais no tecido das relações sociais, que são características de uma sociedade; por conseguinte, suas posições modulam os processos individuais e intragrupais. Ancorar a profissão docente nos processos de mediação e de troca de conhecimentos nos remete aos sistemas de crenças, representações, avaliações e normas sociais que orientam os processos formativos desses sujeitos.

Nos grupos, as falas dos professores iniciantes deixam entrever que as práticas de formação inicial e continuada, as quais têm acesso, partem do princípio de que é preciso considerar o conhecimento do aluno e, sobretudo, tomá-lo como ponto de partida para as novas aprendizagens. Lembramos que os processos formativos que têm sido difundidos há mais de duas décadas no Brasil, estão fundamentados em referenciais de base construtivista. Conforme essa abordagem, o papel do professor deve ser o de mediador e equilibrador das situações de aprendizagem e dos conflitos que ocorrem em sala de aula. Comparada à pedagogia tradicional, as abordagens construtivistas aceitam que o aluno também possui um repertório de conhecimentos e, ao entrar na escola, prossegue nessa construção. Assim, não cabe ao professor somente transmitir o que ele sabe, ou o que já se encontra sistematizado, mas apreender e compreender os conceitos e as vivências que são reveladas pelos alunos para ampliar esse repertório a partir de seu universo sociocultural.

Esse tipo de ancoragem é manifestado nos depoimentos dos docentes iniciantes. Em algumas passagens de suas falas, nos grupos focais, eles insistem que o professor não é mais o "dono" do saber, nem o centro do processo ensino-aprendizagem. Afirmam:

> *Você vai buscar ali trabalhar o dia a dia. E sempre tirando do aluno. Tá certo? Buscando sempre assim... Ver o que ele tem, né? [...] você vai pegar aquele conhecimento popular dele e... e... junto com os seu conhecimentos num é?* (PEF-Azul- PEFgf2).

> *Você tem consciência de não sabe tudo... Num é mais aquele professor que sabe tudo e que ele vai, a cada dia [...] ele vai aprendendo. A gente vai trocando construindo com ele... Com o aluno... Com os outros... Cada dia eu aprendo mais coisa...* (Rosa PEF-gf-2).

Apesar da clareza em relação à função de mediação e à troca de conhecimento, no decorrer das reflexões sobre o ser professor hoje, nos grupo focais, os participantes ficaram inquietos e destacaram as condições de precarização que afetam a docência. Sobre os desafios do ser professor hoje, eles afirmam: *"É matar um leão por dia..."* (Vermelho PEM gf1). *"É você conviver com a angústia de não ser valorizado né? e estar em um ambiente ameaçador né? inseguro..."* (Verde PEF gf1). *"Muitas vezes controlador né? Que quer controlar o que você pensa..."* (Amarelo PEF gf2). *"Fazer a diferença na vida de outras pessoas entendeu? Mas é bem difícil, as condições de trabalho, a falta de interesse e indisciplina dos adolescentes"* (Laranja PEM-gf-2). *"É ser médica, enfermeira, psicóloga, empregada..."*(Vermelho PEM-gf-1). *"Então eu acho que é desafiador e enriquecedor. Também é uma profissão muito rica, talvez a mais rica porque você está a todo momento... Aprendendo"* (Rosa PEF-gf-2).

Reafirmamos que os professores dos anos finais do ensino fundamental e ensino médio enfrentam maiores dificuldades para exercer a função docente do que os dos anos iniciais e educação infantil. Eles destacaram:

> *[...] meu maior desafio é fazer com que eles tentem aprender e assistir a aula de maneira tranquila e prazerosa, da melhor forma possível. Mas o nível dos alunos é... Muitos chegam ao ensino médio com um buraco desse tamanho... E deixarem mesmo a aula acontecer... Falam demais, tem o celular, o calor... É luta* (Vermelho PEM-gf-1).

> *Quando eu vejo as propagandas do governo, melhor educação é a de Pernambuco, melhor IDEB, melhor tudo... Eu penso na minha luta diária, em sala, as duas escolas em que trabalho no público, os meninos... E tudo que envolve aqueles alunos... Suas histórias e impossibilidades. Você até faz sua parte, mas não tem como a gente ficar dizendo que vai tão bem... Sinto revolta!* (Branco PEF-gf-2).

Podemos dizer que têm sido variadas e distintas as demandas impostas ao professor de educação básica, no contexto atual, notadamente, nos aspectos social, institucional e pessoal. Do ponto de vista social, o professor vem sendo levado a aprender a conviver, de modo mais intenso, com os interesses e os pensamentos dos alunos e dos pais no cotidiano escolar, e, também, a estabelecer maior interação com a comunidade na qual a escola está inserida. No campo institucional, o professor tem sido solicitado a participar ativamente nas seguintes instâncias: definição dos rumos pedagógicos e políticos da escola; delimitação dos recortes adequados ao universo de conhecimentos que serão trabalhados em suas aulas; e elaboração e gestão de projetos de trabalho. Quanto ao aspecto pessoal, têm sido impostas as seguintes exigências: decidir, de forma mais intensa, seu percurso formativo e profissional; ampliar sua convivência com colegas para discussões coletivas e projetos; debater e reivindicar condições, que lhe permitam viabilizar a essência do próprio trabalho.

Para a sociedade em geral, de acordo com os docentes que ouvimos, as funções dos professores são múltiplas, ou seja, além das atribuições sociais, institucionais e pessoais próprias da profissão, os professores devem assumir a educação doméstica dos alunos. Afirmam:

> Então eu acho que eles pensam... A sociedade pensa que o papel da gente se ampliou porque, além do que a gente tem como conteúdo, aquilo que é inerente a nossa profissão, tem ainda o que é inerente à família né? O que deveria ser? A família deveria dar a educação doméstica, ensinar [...] (Amarelo PEF gf2).
>
> Se os colegas que tem alunos maiores sentem a ausência da família, nós que somos professores dos pequenos, sentimos mais ainda... Muitas famílias não cooperam com o mínimo. Muitas vezes a criança chega na segunda-feira com a roupa suja, o cabelo despenteado do jeitinho que saiu da creche na sexta de tarde. E triste! Mas sempre fica para o professor... (Roxo- PEI gf2).
>
> A família vê o professor como um profissional que é necessário, mas não sei se importante para o crescimento do filho da filha... Não sei! Acham que é um profissional que está ali porque tem que estar porque educação é direito de todos e tem que ter alguém para ensinar, o que me passa é isso (Rosa PEF-gf-2).
>
> [...] a educação familiar da galera é muito ruim. Muito ruim mesmo. Eles falam palavrão, xingam uns os outros, prometem coisas horríveis, não escutam e desrespeitam professor. Então, assim esse é o meu maior desafio basicamente, o resto é tranquilo (Verde PEF gf1).

Os posicionamentos dos docentes sobre suas múltiplas funções encontram respaldo em Lima (2012), que analisa a complexidade e os desafios da docência nos anos iniciais do ensino fundamental, tendo destacado que, na atualidade, além do papel de professor, o docente precisa exercer diariamente, na escola, diferentes papéis, tais como: ser mãe, pai, psicólogo, médico, família, artista e muitos outros.

Com base nas falas e nas interações do grupo, afirmamos que o **ser professor** está ancorado na possibilidade de mediação de conhecimentos e de transformação de sujeitos, no entanto as precárias condições de trabalho, a falta de valorização, a ausência de autonomia, as múltiplas exigências das famílias e da gestão pública constituem o cenário no qual tais representações são construídas e orientam as práticas. Na visão de Doise (2002), a ancoragem, considerada como regulação social, indica as condições culturais e ideológicas próprias de certos grupos, que dão significação aos comportamentos dos indivíduos, criam e/ou dão suporte às diferenciações sociais, em nome de princípios gerais. Assim, as condições de trabalho e interação com os grupos, na escola pública, estão regulando e determinando as práticas dos docentes de educação básica em início de carreira.

No contexto de reconhecimento da precarização da docência, os professores iniciantes que participaram dos dois grupos focais não demonstram perspectivas muito promissoras para com a profissão docente. Afirmam:

> *Essa questão da perspectiva pra nossa função... Eu não vejo uma boa perspectiva não em termos de política né? Em termos de investimento, de valorização... Eu não vejo nenhuma boa perspectiva para profissão docente não... Não vejo. Infelizmente é uma situação bem difícil, a dos professores* (Amarelo PEF gf2).

> *Diante dessa situação atual a gente pensa: quem é que no futuro vai estar na em sala de aula? Quem vai ser professor? Pra além de todos esses problemas que a gente falou que são problemas sociais. Mas, a gente está vendo também o problema da profissão do desrespeito com a profissão* (Rosa PEF gf2).

Em consonância com as baixas expectativas para a profissão indicadas pelos profissionais, autores como Jesus e Santos (2004), Oliveira (2013), Alves e André (2014) e Gatti (2014) destacam que são inúmeras as dificuldades enfrentadas pelo professor, principalmente baixo salário, falta de autonomia, péssimas condições de trabalho e desvalorização social. Cericato (2016) acrescenta outros elementos de precarização que contribuem para o mal-estar docente, tais como: relações dos docentes com seus pares e com as famílias dos alunos, sobrecarga de trabalho, falta de controle sobre as tarefas que realizam e insegurança financeira.

Contrariando as informações obtidas com os questionários, no que se refere à probabilidade de permanência na profissão, a maioria dos 15 participantes dos grupos focais afirma querer continuar, apesar do desgaste físico, emocional e insegurança financeira. Afirmaram:

> *Só queria dizer uma coisa... Estou com medo porque eu não me vejo fazendo outra coisa! Eu fico pensando meu Deus! Eu quero ficar velha, gagá, andando de bengala, anda já na escola... Quero continuar plantando boas sementes... Vendo meus alunos crescerem* (Laranja PEI-gf-1).

> *Eu vou ser sincero eu sou professor porque gosto, eu amo a minha área, eu não sei fazer outra coisa a não ser dar aula! Apesar de tudo eu quero continuar... Penso que posso fazer alguma coisa* (Laranja PEM-gf-2).

> *Sei que é difícil, que precisamos de mais apoio, valorização, mas eu assim como alguns já me disseram gosto muito de minhas crianças... Acredito que posso fazer algo por elas, pela educação. Quero findar minha vida como professora de educação infantil* (Roxo- PEI gf2).

Os profissionais que demonstram querer continuar na carreira parecem decididos a continuar exercendo a profissão e, também, querem transformar a realidade do ensino. A expectativa dos professores que acreditam na docência está centralmente vinculada à possibilidade de exercer seu potencial transformador. E, como vimos, ser agente de transformação social está na gênese da representação social da profissão docente por eles construída.

Conforme já apresentamos, do grupo, três professores afirmaram não ter o desejo de continuar como docente de educação básica. Como razões para a decisão, indicaram o desejo de prosseguir na formação acadêmica, tendo em vista o exercício da docência na educação superior. Ressaltaram também o baixo retorno financeiro e o comprometimento da qualidade de vida. Afirmam:

> *[...] eu queria ter um futuro com qualidade de vida entendeu? E assim, olhando tudo que eu lutei do ponto de vista familiar pra estar ali fazendo aquele curso que eu queria... Eu acho que não vai ser a profissão que vai me dar qualidade de vida entendeu? Porque assim... Pesa muito a questão financeira. Entendeu? [...]* (Azul PEF-gf-1).

> *Por enquanto pretendo ficar. Mas pretendo fazer um mestrado e ensinar em faculdade. Em sala de aula e no ensino médio as perspectivas não são boas porque o nível de estresse é grande e o salario é baixo. Vou partir pra outra... Ensinar em faculdades, fazer um mestrado* (Vermelho PEM-gf-1).

> *Eu tenho outras pretensões profissionais. Esse público adolescente é muito complicado, fico muito estressada, cansada... Não dá pra mim. As condições de trabalho e salariais não ajudam. Gosto de educação, mas prefiro trabalhar com um publico mais tranquilo.* (Amarelo PEF gf2).

Como diz Arroyo (2000), na contemporaneidade, um dos entraves que o docente enfrenta é a descaracterização e a desprofissionalização do professor. O autor enfatiza a redução dos mestres à condição de ensinante. Para esse autor, é fundamental um redimensionamento do ofício do professor e de sua identidade, pois essa nova identidade "[...] tende a ser afirmada frente à nova descaracterização da escola e da ação educativa" (Arroyo, 2000, p. 22).

Os resultados recolhidos com os grupos focais confirmam o já detectado como consensos e variações das representações sociais do ser professor. Os docentes em início de carreira investigados ancoram o ser professor no ser mediador, trocar conhecimentos e ser agente de mudança. No entanto são inúmeros os desafios que enfrentam: desvalorização social, baixos salários, precárias condições de trabalho e infraestrutura das escolas, falta de parceria com as famílias, violência e indisciplina. Tal cenário de precarização afeta e compromete as práticas dos docentes.

Ressaltamos que entre os docentes de educação infantil e anos iniciais, o maior problema enfrentado pelos professores iniciantes é a falta de parceria, apoio e comprometimento das famílias com a educação dos filhos. Entre os docentes dos anos finais e ensino médio, prevaleceu como maior desafio o lidar com a indisciplina, falta de interesse, violência e consumo de drogas no interior das escolas. Tais obstáculos comprometem ainda mais a atuação e o desejo dos docentes iniciantes de permanecerem no exercício docente.

Nossa investigação teve como objetivo geral apreender/compreender as representações sociais da profissão docente, tendo enfatizado as ancoragens dessas representações entre professores em início de carreira que atuam na educação básica. Em face do exposto, afirmamos que as representações sociais dos professores estão ancoradas na possibilidade da troca e da mediação do conhecimento, e, também, no desejo ser agente de transformação social.

O grupo focal possibilitou captar as ancoragens em torno do ser professor, tendo ressaltado as dificuldades enfrentadas por cada grupo de docentes, no exercício da profissão. Além disso, a profissão docente foi sendo desvelada pelos participantes de modo mais espontâneo, com respostas menos racionalizadas e referências às vivências profissionais do grupo. As articulações com a prática de cada um, em seus espaços de atuação, permitiram compreender as ancoragens das representações do ser professor.

Lembramos que a ancoragem diz respeito à integração cognitiva do objeto representando, ideias, acontecimentos, pessoas e relações. O processo é responsável pelo enraizamento social da representação.

Os achados revelam que o grupo de docentes da educação infantil enfrenta o desafio da falta de parceria com as famílias na educação dos filhos, e os professores de ensino fundamental e médio são desafiados a lidar com a indisciplina, desinteresse dos alunos e violência no contexto escolar.

A precarização da profissão docente atravessa as representações sociais do ser professor. Os participantes reconhecem que ser professor significa mediar, trocar conhecimentos e ser agente de transformação social; no entanto, enfatizam que os baixos salários, desvalorização social, deficientes condições de trabalho nas escolas, falta de parceria com as famílias dos alunos, desinteresse, indisciplina e violência escolar são fatores que agravam e comprometem a profissão docente no contexto atual.

PALAVRAS FINAIS

Partimos do pressuposto de que o início de carreira docente é uma fase de instabilidade e mudanças e, portanto, é um momento propício para a construção de representações sociais da profissão. Esse pressuposto guiou toda esta obra, que teve como objetivo geral identificar as representações sociais da profissão docente construídas/elaboradas por professores da educação básica em início de carreira.

Como já mencionado ao longo deste livro, adotamos a abordagem societal das representações sociais, protagonizada por Willem Doise. Tal abordagem centra suas preocupações no estudo da influência dos grupos de pertencimento do sujeito, procura articular o indivíduo ao coletivo, busca interligar explicações de ordem individual com explicações de ordem social, enfatizando que os mecanismos usados pelos sujeitos para viver em sociedade são orientados por dinâmicas interacionais, valores e crenças. Consideramos conveniente reafirmar que, conforme essa vertente teórica, as representações sociais são princípios geradores de tomadas de posição, e tais princípios estão direta e simbolicamente vinculados à posição que o sujeito ocupa no grupo.

Reconhecemos a docência como uma profissão, portanto, para exercê-la, são necessários os seguintes elementos: domínio de conhecimentos; habilidades e competências didáticas/pedagógicas; percepção de que a docência é uma prestação de um serviço; e estabelecimento de relações pessoais.

Ao longo do tempo, a profissão docente foi se tornando mais complexa. Nóvoa (1995) afirma que a complexidade da docência está atrelada ao processo de profissionalização, que corresponde à tomada de consciência do corpo docente de seus interesses como grupo profissional. Como afirma o autor, o processo de profissionalização exige a definição e consolidação de um corpo de conhecimentos e técnicas, e, também, a elaboração de um conjunto de normas e valores que subsidiará o estatuto social dos professores. Na atualidade brasileira, a profissionalização da profissão docente enfrenta variados desafios, dentre os quais, merecem destaques: desvalorização social, precariedade da formação técnica e das condições laborais, e os baixos salários.

O livro resulta de um estudo de natureza de natureza qualitativa, que, além de um estudo bibliográfico inicial, abrangeu um estudo de campo e contou com a participação de 85 professores de educação básica com até cinco anos de carreira. Todos são vinculados a escolas municipais e estaduais dos municípios de Recife, Olinda e Jaboatão dos Guararapes.

Os achados revelaram que a precarização do trabalho afeta o professor e está concorrendo para que o consenso das representações sociais da profissão esteja articulado ao pessimismo, à indisposição e ao sentimento de mal-estar. Identificamos que situações de satisfação no exercício da docência são pontuais e discretas entre professores de educação básica que estão no início da carreira. Essa fase preliminar indicou um consenso representacional marcado por indícios de mal-estar e insatisfação com a docência.

As representações sociais da profissão dos professores iniciantes aparecem como um amálgama, no qual vários elementos, em uma perspectiva multidimensional se interpenetram. Tais representações ressaltam o papel e relevância do serviço prestado pelo professor à sociedade. Os depoimentos dos diferentes grupos de docentes entrevistados sugerem representações sociais da profissão docente centradas na capacidade de mediação do conhecimento e na possibilidade de transformação social. Porém tais representações estão marcadas pelo sentimento de desvalorização profissional. Os iniciantes na docência reiteram que diferentes elementos de precarização afetam o ser professor hoje, tais como: baixo prestígio social da profissão, má remuneração, exigências constantes por parte dos sistemas, indisciplina dos alunos e violência escolar.

Algumas variações nas representações sociais dos grupos de professores foram identificadas, a saber: entre professores de educação infantil e anos iniciais do ensino fundamental, foram ressaltadas a falta de parceria e apoio das famílias ao trabalho docente; os professores dos anos finais do ensino fundamental e ensino médio destacaram dificuldades relacionadas ao lidar com os alunos, desinteresse pelos estudos, indisciplina e violência no contexto escolar.

A despeito das dificuldades, a maior parte dos professores iniciantes da educação básica pretende continuar na docência. Aqueles poucos que não desejam continuar na educação básica pretendem assumir outras funções no magistério, por exemplo, a de coordenação pedagógica, ou desejam exercer a docência na educação superior. Foi irrisório o número de docentes iniciantes que desejam abandonar a profissão, pois, dos 70 entrevistados apenas três têm essa perspectiva. Nesse grupo, houve consenso em relação aos seguintes aspectos: reconhecimento da importância do professor para a formação das novas gerações; desejo por melhores condições de trabalho; necessidade de valorização da profissão.

Diante de tais constatações, retomamos um posicionamento de Doise (2002), que, ao se referir às ancoragens no âmbito sociológico, salienta as relações entre as pertenças sociais e os conteúdos de uma representação social. Considera a hipótese de que as experiências comuns aos membros de um mesmo grupo são decorrentes de uma mesma inserção no campo das relações sociais, portanto suscitam representações semelhantes.

Para identificar os elementos socioprofissionais, nos quais ancoram as variações das representações do ser professor e suas implicações para as práticas dos diferentes grupos de docentes da educação básica iniciantes na carreira, realizamos dois grupos focais e constatamos que os professores ancoram a profissão docente em dois elementos: mediação e transformação social.

Conforme os resultados, o professor como mediador conduz o aluno ao conhecimento, ajudando-o a desenvolver suas habilidades e opiniões, mostrando sua capacidade e importância no meio social, para que ele consiga melhorar/modificar sua realidade pessoal e social. Ser professor para os iniciantes não é simplesmente transferir conhecimentos, mas, ao contrário, é possibilitar ao aluno momentos de troca e reelaboração, o que permitirá o seu acesso aos saberes sistematizados e, assim, poderá contribuir para sua formação.

Depreendemos que o professor tem clareza de suas próprias ideologias e valores, pois consegue confrontá-los criticamente e, assim, compreende como a sociedade se estrutura e interfere na sua maneira de pensar e agir em relação aos estudantes. Tais posturas revelam e, simultaneamente, fortalecem sua formação crítica. Como um agente de transformação, o professor procura desenvolver práticas educativas, que permitem a construção de saberes, indo além da simples reprodução de informações. Os docentes iniciantes insistiram em ressaltar que os estudantes possuem saberes e cultura, que precisam ser reconhecidos e valorizados pelos professores, por isso fizeram algumas restrições à pedagogia tradicional.

Apesar de ancorarem o ser professor na mediação, troca de conhecimentos e possibilidade de transformação social, percebem com clareza e indignação que as condições de precarização afetam a docência. O cenário em que os professores estão iniciando a docência não tem colaborado para o êxito dessa profissão. Como foi reiterado, cada vez mais o professor tem se deparado com uma realidade difícil — por exemplo, trabalho em vários turnos, salários depreciados, infraestrutura problemática, contratos de trabalho temporários, violência escolar e falta de parceria com as famílias. Tal quadro de precarização afeta e compromete as práticas profissionais.

Ressaltamos que apenas a garantia de bons salários não é suficiente para melhorar a qualidade da educação e do trabalho docente, porém, sem eles, não se tem uma perspectiva de mudança na valorização do professor. Mesmo reconhecendo os demais fatores que interferem na qualidade do trabalho docente, é improvável que o exercício da profissão ocorra de forma satisfatória sem que haja salários dignos. Como ressaltam os professores ouvidos, não há apenas um fator que sozinho explique a desvalorização, que está associada a uma soma de variáveis intervenientes que culminam na atual situação do desprestígio da profissão.

Em face do exposto, indicamos a necessidade de políticas públicas que acolham e ofereçam maior suporte ao professor em início de carreira na escola básica. A implantação efetiva de políticas públicas que estimulem a permanência do professor na profissão docente poderá trazer benefícios para a área da Educação e para sociedade.

REFERÊNCIAS

ALAYA, D. B. Abordagens filosóficas e a teoria das representações sociais. *In:* ALMEIDA, A. M. O; SANTOS, M. F. S.; TRINDADE, Z. A. (org.). **Teoria das representações sociais**: 50 anos. Brasília: Technopolitik, 2011. p. 261-282.

ALMEIDA, A. M. Abordagem Societal das Representações Sociais. **Sociedade e Estado,** Brasília, p. 713-737, 2009.

ALMEIDA, G. S. A. **Professores iniciantes**: o ingresso profissional nos anos finais do ensino fundamental. Dissertação (Mestrado em Educação) – Universidade de Taubaté, Taubaté-SP, 2016.

ALVES, C. S.; ANDRÉ, M. E. D. A constituição da profissionalidade docente: os efeitos do campo de tensão do contexto escolar sobre os professores. *In*: REUNIÃO NACIONAL DA ANPEd, 36., 2013, Goiânia-GO. **Anais** [...]. Disponível em: http//. www.anped.org.br. Acesso em: 28 jul. 2015.

ARROYO, M. G. **Ofício de mestre:** imagens e autoimagens. Petrópolis: Vozes, 2000.

BARDIN, L. **Análise de Conteúdo**. Lisboa: Edições 70, 2004.

BARROS, B. T. C da P. **Fatores que influenciam os professores iniciantes a permanecerem na carreira docente**. 2015. 182 f. Dissertação (Mestrado em educação) – Pontifícia Universidade Católica do Paraná (PUC-PR), 2015.

BOURDONCLE, R. A profissionalização dos professores: análises sociológicas inglesas e americanas. **Revue Française de Pédagogie**, n. 94, p. 73-92, jan./fev./mar. 1991.

CAMARGO, B. V. Alceste: um programa informático de análise quantitativa de dados textuais. *In:* MOREIRA; A. S. P; CAMARGO; B. V. JENUINO; J. C. NÓBREGA. S. M. (org.). **Perspectivas teórico-metodólogicas em representações sociais**. João Pessoa, EdUFPB, 2005.

CAMINO. L. Uma abordagem "psicossociológica" no estudo do comportamento político. **Psicologia & sociedade**, n. 1, **v.** 8, jan./jun. 1996.

CARDOSO. V. D. **Programa de acompanhamento docente no início da carreira:** influências na prática pedagógica na percepção de professores de educação física. Dissertação (Mestrado em Educação) – Universidade do Extremo Sul Catarinense, Criciuma-SC, 2016.

CERICATO, I. L. A profissão docente em análise no Brasil: uma revisão bibliográfica. **Revista Brasileira de estudos pedagógicos**, Brasília, v. 97, n. 245. p. 273-289, maio/ago. 2016.

CONCEIÇÃO, J.S. **A docência no ensino superior e a expansão universitária:** tecendo saberes a partir das vozes do professor iniciante. Dissertação (Mestrado em Educação) – Universidade Federal de Ouro Preto, Ouro Preto-MG, 2014.

CONTI, C. L. A. **Imagens da profissão docente**: um estudo sobre professoras primárias em início de carreira. 2003. 177 f. Tese (Doutorado em Educação) – Universidade Estadual de Campinas, Campinas, SP, 2003.

CONTRERAS, J. **A autonomia dos professores**. São Paulo: Cortez, 2002.

CORRÊA, P. M.; PORTELLA. V. C. M. As pesquisas sobre professores iniciantes no Brasil: uma revisão. **Olhar de professor**, Ponta Grossa, v. 15, n. 2, p. 223-236, 2012.

CUNHA, R. C. VOLTARELLI, M. A; COSTA, C. S. Pesquisas sobre o professor iniciante no programa de pós-graduação em educação da UFSCAR: o estado do conhecimento de 2000-2010. **Revista Educação e Linguagens**, Campo Mourão, v. 2, n. 3, jul./dez. 2013.

DOISE, W. Atitudes e representações sociais. *In:* JODELET, D. **As representações sociais**. Rio de Janeiro: EdUERJ, 2001. p. 187-204.

DOISE, W. Cognições e representações sociais: a abordagem genética. *In:* JODELET, D, **As representações sociais** Rio de Janeiro: UERJ, 2001. p. 301-320.

DOISE, W. Da psicologia Social a Societal. **Psicologia**: Teoria e Pesquisa, v. 18, n. 1, 2002. p. 27-35.

DOISE, W. Les représentations sociales: définition d'un concept. **Connexions**, 45, p. 243-253, 1985.

DOISE, W. Sistema e metassistema. *In:* ALMEIDA, A. M. O; SANTOS, M. F. S; TRINDADE, Z. A. (org.). **Teoria das representações sociais**: 50 anos. Brasília: Technopolitik, 2011. p. 123-158.

DOISE, W.; MOSCOVICI, S. **Dissensões e consenso**: uma teoria geral das decisões coletivas. Tradução de Maria Fernanda Jesuino. Lisboa: Livros Horizontes/LDA, 1991.

DONATO, S. P.; ENS, R. Representações sociais do ser professor no contexto atual: Desafios, incertezas e possibilidades. *In*: CONGRESSO NACIONAL DE

EDUCAÇÃO- EDUCERE. FORMAÇÃO DE PROFESSORES, 9., 2009, Paraná. **Anais** [...]. Paraná: PUCPR, 2009.

DOURADO, L. F. A reforma do Estado e as políticas de formação de professores nos anos 1990. In: DOURADO, L. F.; PARO, V. H. (org.). Políticas públicas & educação básica. São Paulo: Xamã, 2001.

ENGUITA, M. F. La condición del docente. In: ENGUITA, M. F. La escuela a examen: un análisis sociológico para educadores y otras personas interesadas. Salamanca: Ediciones Pirámide, 1998.

ESPINDULA, D. H. P.; SANTOS, M. de F. de S. Representações sobre a adolescência a partir da ótica dos educadores sociais de adolescentes em conflito com a lei. **Psicol. estud.**, v. 9, n. 3, p. 357-367, 2004.

ESTEVE, J. M. **O mal-estar docente**: a sala de aula e a saúde dos professores. São Paulo: EDUSC, 1999.

FERREIRA, N. S. A. As pesquisas denominadas "estado da arte". **Educação & Sociedade**, Campinas, ano 23, n. 79, p. 257-272, ago. 2002.

FRANCO, M. L. P. B. **Análise de conteúdo**. Brasília: Liber Livro, 2007.

GARCÍA, M. C. **Formação de professores para uma mudança educativa**. Porto: Porto, 1999.

GATTI, B. **Grupo Focal na pesquisa em ciências Sociais e Humanas**. Brasília: Liber Livro Editora, 2012.

GATTI, B. O que se percebe é que a questão da docência é sempre relegada como se fosse algo menor. **Cadernos Cenpec**, São Paulo, v. 4, n. 2, p. 248-275, dez. 2014.

GATTI, B.; BARRETTO, E. S. S. **Professores do Brasil**: impasses e desafios. Brasília, DF: Unesco, 2009.

GAUTHIER, C. *et al.* **Por uma teoria da pedagogia**: pesquisas contemporâneas sobre o saber docente. 2. ed. Ijuí: Editora Ijuí, 2006.

GILLY, M. As representações sociais no campo da educação. *In:* JODELET, D. **As representações sociais**. Rio de Janeiro: EDUERJ, 2001. p. 321-341.

GIORDAN, M. Z. **Professores Iniciantes dos Anos Finais do Ensino Fundamental**: Desafios e Dilemas. 2014. 124 f. Dissertação (Mestrado em Educação) – Universidade de Joinville-SC, 2014.

GIOVANNI, L. M; MARIN, A. J. **Professores iniciantes**: em diferentes contextos. Araraquara-SP: Junqueira &Marin, 2014.

GODEGUEZ, A. D. **O Programa Mesa Educadora e suas contribuições para a formação de professores da educação infantil em São Caetano do Sul.** Dissertação (Mestrado em Educação) – Pontifícia Universidade Católica de São Paulo – PUC-SP, São Paulo, 2016.

HUBERMAN, M. O ciclo de vida profissional dos professores. *In:* NÓVOA, A. (org.). **Vidas de professores.** 2. ed. Porto: Porto Ed., 1995. p. 31-61.

HUANITA, M. Y. **Programa Observatório da educação e desenvolvimento profissional de licenciandos e professores iniciantes:** um estudo a partir de produções da educação matemática. Dissertação (Mestrado em Educação) – Universidade Federal de São Carlos, São Carlos-SP, 2016.

HYPOLITO, A. M. Trabalho docente e profissionalização: sonho prometido ou sonho negado? In: VEIGA, I. P. A.; CUNHA, I. M (org.). Desmistificando a profissionalização do magistério. Campinas: Papirus, 1999. p. 81-100.

ILHA, F. R. D.; HYPOLITO, A. M. O trabalho docente no início de carreira e sua contribuição para o desenvolvimento profissional do professor. **Práxis educacional**, Vitória da Conquista, v. 10, n. 17, p. 99-114, jul./dez. 2014.

IMBERNÓN, F. **Formação Docente e Profissional**: Formar-se para a mudança e a incerteza. 6. ed. São Paulo: Cortez, 2006.

IRMA, C. L. **Professor iniciante e o aprender a ensinar:** sentimentos e emoções no início da docência. Dissertação (Mestrado em Educação) – Pontifícia Universidade Católica de São Paulo – PUC-SP, São Paulo, 2014.

JESUS, S. N.; SANTOS, J. C. V. Desenvolvimento profissional e motivação dos professores. **Educação,** Porto Alegre, v. 27, n. 1, p. 39-58, jan./abr. 2004.

JODELET, D. As representações sociais: um domínio em expansão. *In:* JODELET, Denise (org.). **As representações sociais.** Rio de Janeiro: EDUERJ, 2001.

JODELET, D. **Loucuras e representações sociais.** Petrópolis: Editora Vozes, 2005.

JODELET, D. Réflexions sur le traitement de la notion de representation sociale en psychologie sociale. **Communication - Information,** v. 2, n. 3, p. 15-42, 1984.

JOVCHELOVITCH, S. (Re)descobrindo o outro – para um entendimento da alteridade nas representações sociais. *In:* ARRUDA, A. **Representando a alteridade.** Petrópolis: Vozes, 2004. p. 69-82.

LIMA, E. F. A construção do início da docência: reflexões a partir de pesquisas brasileiras. **Revista Educação,** Santa Maria-RS, v. 29, n. 2, p. 85-98, 2004.

LIMA, E. F. de. (org.) **Sobrevivências no início de carreira.** Brasília: Líber Livro Editora, 2006.

LIMA, I. C. R. **Formação profissional e atuação de professores iniciantes na docência**: um estudo exploratório. Tese (Doutorado em Educação) – Universidade de Brasilia (UNB), Brasília-DF, 2015.

LÜDKE, M.; BOING, L. A. Globalização e educação: precarização do trabalho docente caminhos da profissão e da profissionalidade docentes. Educação e Sociedade, Campinas, v. 25, n. 89, set./dez. 2004.

MACHADO, J. S. Trilhando pesquisas sobre professores iniciantes: um estudo do estado da arte. **Revista Humanidades e Inovação,** v.4, n. 2, 2017.

MACHADO, L. B. Aproximações em torno da zona muda das representações sociais de ciclos aprendizagem entre professores. **ETD-Educação temática digital**, Campinas, v. 14, n. 2, p. 186-201, jul./dez. 2012.

MACHADO, L. B.; ANICETO, R. A. Núcleo central e periferia das representações de ciclos de aprendizagem entre professores. **Ensaio**: Aval. e Pol. Pub. em educação, RJ, v. 18, n. 67, 2010.

MACHADO, L. B; FREIRE, S. B. Representações sociais de ciclos de aprendizagem entre estudantes de pedagogia. **Linhas Críticas,** v. 19, p. 489-305, 2013.

MACHADO, L. B.; SILVA, W. F. Representações sociais e práticas sociais: um estudo sobre os conselhos de ciclos nas instituições escolares. **Revista de Administração Educacional**, v. 4, p. 53-73, 2013.

MARCELINO, M. Q. dos S.; CATAO, M. de F. F. M.; LIMA, C. M. P. de. Representações sociais do projeto de vida entre adolescentes no ensino médio. **Psicol. cienc. prof.**, v. 29, n. 3, p. 544-557, 2009.

MARIANO, A. L.S. A aprendizagem da docência no início da carreira: qual política? quais problemas? **Revista Exitus**, v. 2, n. 1, p. 79-94, jan./jun. 2012.

MARTINS, Z. I; PEREIRA, L. L. A identidade e a crise do profissional docente. *In:* BRZEZINSKI, I (org.). **Profissão professor**: identidade e profissionalização docente. Brasília: Plano, 2002. p. 113-132.

MASSETTO, D.C. **Formação de professores iniciantes**: o Programa de Mentoria online da UFSCar em foco São Carlos. Dissertação (Mestrado em Educação) – Universidade Federal de São Carlos, São Carlos-SP, 2014.

MENDONÇA, A. P.; LIMA, M E O. Representações sociais e cognição social. **Psicologia e saber social**, v. 3, n. 2, p. 191-206, 2014.

MENIN, M. S. de S. *et al.* Representações de estudantes universitários sobre alunos cotistas: confronto de valores. **Educação e Pesquisa**, v. 34, n. 2, p. 255-272, 2008.

MINAYO, M. C. de S. **O Desafio do Conhecimento**: pesquisa qualitativa em saúde. 11. ed. São Paulo: Editora Hucitec, 2008.

MORGADO, J. C. Identidade e profissionalidade docente: Sentidos e (im)possibilidades. **Ensaio**: Avaliação e políticas públicas em educação, v. 19, n. 73, p. 793-811, 2011.

MOROSINI, M. C.; FERNANDES. C. B. Estado do Conhecimento: conceitos, finalidades e interlocuções. **Educação Por Escrito**, Porto Alegre, v. 5, n. 2, p. 154-164, jul./dez. 2014.

MOSCOVICI, S. **A psicanálise, sua imagem e seu público**. Petrópolis: Vozes, 2012.

MOSCOVICI, S. **A representação social da psicanálise**. Tradução de Álvaro Cabral. Rio de Janeiro: Zahar, 1978. 291 p.

MOSCOVICI, S. **Representações Sociais**: investigações em psicologia social. Petrópolis: Vozes, 2003.

MOSCOVICI, S.; DOISE, W. **Dissenso e consenso**: uma teoria geral das decisões coletivas. Lisboa: Horizonte psicologia, 1991.

MURY, R. C. X. Profissionalização docente: da aderência à vocação. *In:* REUNIÃO ANUAL DA ANPED, 34., 2011, Natal, RN. Educação e Justiça Social, 2011. **Anais** [...].

NONO, M. A. **Professores Iniciantes**: O papel da escola em sua formação. Porto Alegre: Ed. Mediação. 2011.

NONO, M. A.; MIZUKAMI, M. G. N. Processos de formação de professoras iniciantes. *In:* REUNIÃO ANUAL DA ANPEd, 29., 2006, Caxambu. **Anais** [...]. Disponível em: http//.www.anped.org.br. Acesso em: 17 abr. 2014.

NÓVOA, António. Para o estudo sóciohistórico da gênese e desenvolvimento da profissão docente. Teoria & Educação, Porto Alegre, n. 4, 1991.

NÓVOA, António (org.). **Os professores e a sua formação**. 2. ed. Lisboa: Dom Quixote, 1995.

OLIVEIRA, D. C. de. *et al.* Futuro e liberdade: o trabalho e a instituição escolar nas representações sociais de adolescentes. **Estudos de Psicologia**, Natal, v. 6, n. 2, p. 245-258, 2001.

OLIVEIRA, M. G. L. A profissionalização docente. *In:* CONGRESSO NACIONAL DE EDUCAÇÃO, 11., 2013, Curitiba. **Anais eletrônicos** [...]. Curitiba: Educere, 2013. Disponível em: http://educere.bruc.com.br ANAIS2013/pdf/10233_5654.pdf. Acesso em: 7 maio 2016.

PAULA, A. C. R. R. de.; NAVES, M. L. de P. O estresse e o bem estar docente. Rio de Janeiro: **Boletim Técnico do Senac**, v. 36, n.1, jan./abr., 2010.

PAPI, S.; MARTINS, P. Professores iniciantes: as pesquisas e suas bases teórico--metodológicas. **Linhas Críticas**, Brasília, v. 14, n. 27, p. 251-269, jul./dez. 2009.

PAPI, S. O. G.; CARVALHO, C. B. Professores iniciantes: um panorama das investigações brasileiras. **Olhar de professor**, Ponta Grossa, v. 16, n. 1, p. 186-202, 2013.

PASSEGGI, M. da C. Formação e pesquisa autobiográfica. *In:* CONGRESSO INTERNACIONAL SOBRE PESQUISA (AUTO)BIOGRÁFICA, 2006, Salvador. **Anais** [...]. Salvador: UNEB, 2006. CD-ROM.

PETRENAS, R. C.; LIMA, R. C. Ciclos de aprendizagem e reprovação escolar: reflexões sobre representações sociais de professores. **Revista Práxis Educativa**, ano 2, n. 2, p. 161-168, jul. 2007.

PIMENTA, S. G. Formação de professores: Identidade e saberes da docência. *In:* PIMENTA, S. G. (org.) **Saberes pedagógicos e atividade docente**. São Paulo: Cortez, 1999.

REIS MONTEIRO, A. **Qualidade, profissionalidade e deontologia na educação**. Portugal: Porto, 2008. (Coleção Panorama, n. 9).

ROCHA, L. O. **A política pública de formação de professores na prática pedagógica do professor iniciante de Educação Física do município de Lajeado**. Dissertação (Mestrado em Educação) – Universidade Federal do Rio Grande do Sul, 2014.

ROLDÃO, M. C. Função docente: natureza e construção do conhecimento profissional. **Revista Brasileira de Educação**, v. 12, n. 34, jan./abr. 2007.

SÁ, C. P. de. **A construção do objeto de pesquisa em representações sociais**. Rio de Janeiro: EDUERJ, 1998.

SACRISTÁN, J. Consciência e acção sobre a prática como libertação profissional dos professores. *In:* NÓVOA, A. (org.). **Profissão professor**. 2. ed. Porto: Porto Editora, 1995. p. 61-92.

SOARES, C. Em torno do pensamento social e do conhecimento do senso comum. A aplicação de metodologia Alceste em contextos discursivos distintos. *In:* MOREIRA; A. S. P. *et al.* (org.). **Perspectivas teórico-metodológicas em representações sociais**. João Pessoa: EdUFPB, 2005.

SOUZA, K. S. M de. *et al.* A aprendizagem de ser professor em início de carreira. **Comunicações**, Piracicaba, Ano 23, n. 1, p. 41-63, jan./abr. 2016.

TARDIF, M. **Saberes docentes e formação profissional**. Petrópolis: Vozes, 2002.

TARDIF, M.; LESSARD, C. **O trabalho docente**: elementos para uma teoria da docência como profissão de interações humanas. Petrópolis: Vozes, 2005.

TARDIF, M.; LESSARD, C.; LAHAYE, L. Les enseignants des orders d´enseignement primaire et secondaire face aux saviors. Esquisse d´une problématique du savoir enseignant. **Sociologie et sociétiés**, v. XXIII, n.1, p. 55-69, printemps, 1991.

TARDIF, M.; RAIMOND, D. Saberes, tempo e aprendizagem do trabalho no magistério. **Educação & Sociedade**, ano XXI, n. 73, p. 209-273, Dezembro 2000.

TIMM, J. W. O trabalho docente em tempos líquidos: Reflexões sobre o processo saúde-doença. In: SEMINÁRIO BRASILEIRO DE ESTUDOS CULTURAIS E EDUCAÇÃO, 6., 2015, Rio Grande do Sul. **Anais** [...].

TORRES, A. R. R; CAMINO, L. Grupos sociais, relações intergrupais e identidade social. *In:* CAMINO, L. (org.). **Psicologia social**: temas e teorias. 2 ed. Revista e ampliada. Brasília, DF: Technopolitik, 2013. p. 515-540.

TRINDADE, Z. A.; SANTOS, M. F. S.; ALMEIDA, A. M. O. Ancoragem: notas sobre consensos e dissensos. *In:* ALMEIDA, A. M.; SANTOS, M. F.; TRINDADE, Z. A. (org.). **Teoria das representações sociais**: 50 anos. Brasília: Technopolitik, 2011. p. 101-121.

VALLE, I. R. Carreira do magistério: uma escolha profissional deliberada? **Revista Brasileira de Estudos Pedagógicos**, Brasília, v. 87, p. 178-187, 2006.

WACHELKE J. F. R.; CAMARGO, B. V. Representações sociais, representações individuais e comportamento. **Interam. j. psychol.**, **Porto Alegre**, v. 41, n. 3, **dez. 2007**.

WAGNER, W. Sócio-gênese e características das Representações Sociais. *In:* MOREIRA, A S. P.; OLIVEIRA, D. C. (org.). **Estudos interdisciplinares de representação social**. Goiânia: Editora AB, 1998. p. 3-25.

WEBER, S. Profissionalização docente e políticas públicas no Brasil. Educação e Sociedade, Campinas, v. 24, n. 85, p. 1125-1154, dez. 2003.

ZANELLA, C. As Dificuldades Didáticas dos Professores Iniciantes e os Programas de Formação Inicial e Continuada para Docentes. *In:* SIMPÓSIO NACIONAL DE HISTÓRIA, 26., 2011, São Paulo. **Anais** [...].

ZEICHNER, K. M. **A Formação Reflexiva de Professores, Idéias e Práticas**. Lisboa: EDUCA, 1993.